文眞堂現代経営学選集Ⅱ [7]

社会的ネットワーキング論の源流

——M. P. フォレットの思想——

三井 泉 著

文 眞 堂

本書を
　　　天国の坂井正廣先生，
　　　　亡き父三井福泰と，母はる子に
　　　　　　　　　　　　　捧げる

まえがき

　本書は，筆者の博士学位申請論文「メアリー P. フォレット学説の研究―組織の動態化理論に向けて―」(1989 年青山学院大学) に若干の加筆修正を加えたものである。論文提出から 20 年の時を経て，改めて公刊に踏み切ったのにはいくつかの理由がある。

　その第一は，フォレットの学説は政治学や経営学においてその歴史的な重要性は認められつつも，テイラーやバーナード，ドラッカーなどの巨人の影に埋もれ，取り上げられる機会が比較的少なかったこと。また，取り上げられたとしても，フォレットの業績全体に触れ，その理論化へ向けた試みはあまりなされてこなかったこと。第二に，経営学史上の意義や位置づけについてはある程度の評価は確定していたとしても，組織論・管理論における理論的な意義については必ずしも論じられてこなかったこと。第三に，特にフォレットの思想の特色として，個人を関係性の中で位置づけること，社会を動態的プロセスとして理解すること，プラグマティズムに基づく理論解釈と社会的実践などが挙げられるが，これらは今日の理論的かつ実践的な問題に大きな示唆を与えうると考えられること。第四に，情報ネットワークの進展や非営利組織への注目など，今日のフラットで柔構造の組織への関心の高まりの中で，その先駆的な業績としてフォレットが国内外で再度注目されてきていることなどが挙げられる。

　20 世紀から 21 世紀へと変わったこの 20 年の間に，世界は今まで経験したこともないような多くの事態に直面した。9.11 同時多発テロ以降の止まることのない世界的紛争，100 年に一度と言われる世界同時金融危機，地球規模の環境破壊など，驚くほどの速さと規模で迫り来る危機を目前に，われわれはなす術もなく立ち尽くすだけなのだろうか。果たしてこのような事態は，今までに世界が本当に経験してこなかったことなのだろうか。

　フォレットが生きた 19 世紀から 20 世紀への転換期のアメリカもまた，

今日と同じような激動の時代であったといえる。南北戦争後の産業化の進展とともに世界中から流入する大量の移民，巨大企業の弱肉強食の争いや工場での労使の対立，世界大戦後の繁栄と大恐慌，その中で必死にアメリカンドリームを捜し求める人びと。異なる価値観や夢を持つ人びとが互いに対立し競争しあいながらも，懸命になって新たな民主主義社会を築こうと夢中だった20世紀初頭のアメリカ。そのような激動の時代の中で，フォレットは個人の自由と国家の発展とを共に実現できるような社会のあり方を模索し，実際にボストンでソーシャル・ワーカーとして社会的問題の解決にも奔走した。

彼女の思想の特徴は，家庭や地域コミュニティーさらに企業にいたる広い視点に立って，人びとや組織の「関係のあり方」に着目し，まさに草の根から生まれる「組織化のプロセス」を「動態的」に描こうとした点にある。その組織ダイナミズムを生み出すものとして，「自由」と「統制」の問題を模索し続けた人物でもあった。こうして生まれてきた彼女の思想は，今日のネットワーキング論や組織化理論さらにコミュニタリアニズムの論調に通じる問題意識と，現代の問題解決に十分有効な実践性を有していると思われる。

それを裏付けるように，彼女の著作は1994年にP・グラハム（Pauline Graham）の編集により*Mary Parker Follett: Prophet of Management*としてハーバード大学出版局から出版され，英米で大きな反響を呼ぶとともに，わが国でも三戸公・坂井正廣監訳による『M・P・フォレット：管理の予言者』（文眞堂1999年）として出版された。また2003年にはJ・トン（Joan C. Tonn）により*Mary P. Follett: Creating Democracy, Transforming Management*という600ページを超える伝記がイェール大学出版局から出版された。1998年に筆者自身が海外研究で滞在していたイェール大学や訪問先のハーバード大学でも，学生達の必読文献としてフォレットの著作は広く読まれていた。このようなことから，フォレット再考の機運は高まっていることを強く感じた。

また，フォレット研究に関してもこの20年間には大きな進展があった。国内では三戸公，村田晴夫，榎本世彦に加え，若手では杉田博，藤沼司，河

辺純らを中心に精力的なフォレット研究が行われている。しかしながら本書では，これらの新たな研究業績を踏まえて筆者の研究を再考することはできなかった。この点はご容赦いただきたい。

　本書のねらいを簡潔に述べれば以下のようになる。第一に，フォレットの思想を彼女の生きた時代の思想的背景の中に位置づけ，その特色を示すこと。第二に，フォレットの思想を理論的に体系化するに際して，基本となる概念を洗い出し整理すること。第三に，それらの基礎的考察の上に，彼女の組織論，管理論の特徴を示すこと。最後に，彼女の理論の現代的な意義と限界を示すことである。特に本書では，彼女の理論の特徴を，社会的ネットワーキング論の源流のひとつをなすものと位置づけたところに特徴がある。この研究の不十分な点は認めた上で，本書が今までのフォレット研究を一歩でも進めることができ，それと同時に，現代の社会的問題を解決するための議論を活発化することができるなら，これに勝る喜びはない。読者の積極的な討論を待ち望んでいる。

2009 年 8 月
小石川にて蜩の声をききながら
三　井　　泉

目　次

まえがき……………………………………………………………… i

第1章　序論………………………………………………………… 1
　1．問題提起 ―グローバルなネットワーク社会の中で― ……… 1
　2．フォレット理論の方法的意義………………………………… 5
　3．フォレット理論の組織論・管理論上の意義………………… 9
　4．本研究の視座…………………………………………………… 16
　5．本書の構成……………………………………………………… 20

第2章　フォレットの生涯とその時代 ―素描― ……………… 22
　1．はじめに………………………………………………………… 22
　2．南北戦争の終結から20世紀の幕明け：フォレットの誕生と生いたち
　　……………………………………………………………………… 23
　3．革新主義の時代から第一次大戦へ：フォレットのソーシャル・ワーク
　　……………………………………………………………………… 28
　4．第一次大戦後の繁栄から大恐慌へ：フォレットの思想の結実と社会的活躍
　　……………………………………………………………………… 35

第3章　フォレットの思想的基盤………………………………… 46
　1．はじめに………………………………………………………… 46
　2．フォレット理論とプラグマティズム ―「真理観」を中心として―
　　……………………………………………………………………… 48
　3．全体と個 ―多様性の統一としての民主主義― ……………… 56
　4．フォレット理論における機能主義 ―その意味と意義― …… 67
　5．おわりに………………………………………………………… 73

第4章　フォレット理論の方法と主要概念……… 77

1．はじめに……… 77
2．フォレットの認識方法と対象……… 77
3．フォレット理論の主要概念の検討……… 91
4．おわりに……… 115

第5章　フォレットの組織論・管理論……… 118

1．はじめに……… 118
2．フォレットの組織論……… 119
3．フォレットの管理論……… 132

第6章　結論と展望……… 152

1．内容要約……… 152
2．フォレット理論の現代的意義……… 160
3．フォレット理論の限界―20世紀の波のなかで―……… 166
4．21世紀とフォレット思想……… 171

補　章　'managerialism' の形成とマネジメント思想……… 175

1．緒言―問題提起―……… 175
2．「専門的職業としてのマネジメント」の基盤……… 177
3．専門的職業人としての「標準」化とその維持……… 182
4．企業活動とマネジメントの社会的意味……… 186
5．結言―課題と展望―……… 189

あとがき……… 195

参考文献……… 198
索引……… 204

第 1 章
序　　論

1．問題提起——グローバルなネットワーク社会の中で——

　「組織の時代」「管理の時代」と呼ばれた 20 世紀の社会的価値観が，今，変りつつあるようにみえる。コンピュータによる情報化とグローバリゼーションの進展がもたらした現代社会，それをわれわれは「ネットワーク社会」と呼ぶ。ここでは人は今までのように一組織の歯車としての存在価値にしばられず，一個人としていろいろな組織に所属し，そこで自己の存在証明を行う。また世界中の人びととインターネットを通じて個人個人としてつながり，あらたな関係を常に生み出していく存在であるとされる。そして，このような個人を管理するのは，組織の官僚システムや上位の管理者による「コントロール」ではなく，あくまでも，「主体的な個人」による自己の責任に基づく「自己管理」であるとされる。このような現代の社会像は，おしなべて 20 世紀型の階層的なマネジメントシステムによる支配からの開放を謳い，フラットな組織への移行を提唱し，世界の民族や文化の多元的な価値を互いに認め合う「共生社会」の実現というユートピアの実現を信じて疑わない。しかし，果たして本当にそうだろうか。
　たとえば，携帯電話やインターネットは，確かに，いつでも，どこでも，誰とでもつながることのできるコミュニケーション手段をわれわれにもたらした。その利便性や経済効果は計り知れない。しかし，その結果，われわれは常に人との関係を意識して暮らし，関係の途絶えることの恐怖と戦わなければならなくなった。直接の接触による深い人間関係やしがらみを疎ましく思う若者達は，メールのみを媒介としたつかの間の関係を楽しみ，そのため

の膨大な費用を捻出するためにアルバイトに励む。その結果，皮肉にも友人達と会って直接のコミュニケーションをとる時間も無いほどに。会社を離れれば，ひとまずは忘れることも可能であった仕事は，メールを通じて家庭にも休暇先にまで届けられるようになった。息抜きのつもりのインターネットは，自分自身の内省や家族とともに過ごす時間を奪い，ネットショッピングなどによる個人情報の漏洩やコントロールの危険性は常にわれわれの隣にある。このような社会に本当に個人の「自由」はあるのだろうか。

　一方で，互いに価値を認め合い共生するはずのグローバル社会は，大国の利害の対立，民族や文化・宗教に基づく相違があらわとなり，国家の相互調整も国際機関の調整機能もうまくは働かず，今世紀をテロと内乱の世紀へと導いていくようにみえる。情報ネットワーク上でもこの戦いは再現される。このような社会の果てにわれわれを待っているものは何なのだろうか。

　近代以降，人間は自らの制約を克服するために「組織」という道具を精緻化させていった。マックス・ウェーバーの予言のように，それが「鉄の檻」としてわれわれを束縛しようとも，その効率的な目的遂行能力と利害の合理的調整能力は，われわれを魅了するに十分なものであった。かくして，およそ社会のあらゆる場所に組織は浸入し，いつしかその存在を忘れるほどに，われわれにとって「なじみ」のものになった。20世紀，組織はわれわれを束縛する檻などではなく，あたかも自由を獲得する「万能マシン」であった。そして，そのマシンがより効果的に働くためには「管理」というエネルギーがどうしても必要であった。「組織」と「管理」は車の両輪として，われわれ人間のさまざま制約を克服し，対立する利害を調整しつつ各自の目的を適え，自由を手に入れるための最良の手段であったといえる。また，社会にとっては，多様な価値や利害の対立を調整し，全体の秩序を維持するために必要不可欠な道具でもあった。

　しかし，それはいつまでも最良の手段として留まるようなものではなかった。われわれは次第に組織に主役の座を奪われ，いつのまにか組織目的達成のための歯車となっていることに気づいた。同時に，管理も組織を動かす原動力ではなく，われわれを組織目的達成の手段として改造するための道具と

なった。「組織人間」からの解放が叫ばれ,「管理社会」への疑問が湧きあがってきたのはこのような時である。それを逃れる手段として当初われわれに与えられたのは二つの道であった。一つは,近代以前のコミュニティーの中に帰ること,今ひとつはポストモダンの相対化の中に身を投じ,無秩序を引き受けることである。このような時にわれわれの目の前に現われたのがインターネット社会である。われわれは,ここに管理社会,組織人間から解放してくれるユートピアを見た。そして,「自由」を夢見る人びとの「無法地帯」を作り上げてきたのである。

　グローバルなインターネット社会はどれほどまでに自由なのだろうか。サイバー空間の問題を研究している法学者ローレンス・レッシグ（Lawrence Lessig）は,インターネットを「法律,規範,市場,コード（アーキテクチャー）」の4つで規制されている空間であると指摘し,完璧な規制と管理の道具になりうる可能性があることを指摘した。[1] われわれは,自分でも気づかないうちに,組織社会からの束縛は逃れたが,インターネット空間というさらに徹底した管理社会に入っていこうとしているのかもしれない。

　われわれが願ってやまない「自由」とは何か,それを現代社会の中で獲得しつつ,他者と「ともに生きる」ためにどうすればよいのか,今こそ,われわれは真剣にそれを考えなければならない時を迎えているように思われる。本書の目的は,そのような問いに対する現時点での一つの可能性を示すことである。

　このような問題に対するアプローチ方法は多様であり,さまざまな学問領域からの接近が可能であると思われるが,ここでは「管理論」「組織論」の観点から検討していきたい。管理論（マネジメントの理論）は,特に19世紀末のアメリカで,フロンティア精神とプラグマティズムというアメリカ特有の精神風土を背景として生まれ,20世紀の経済発展,社会発展を支えてきた理論である。それは単なるマネジメントのテクニックにとどまらず,20世紀の時代精神と社会的要求を反映し,望ましい人間像や組織像を前提としている。その意味ではマネジメントの理論は「現代思想」の一つであると言ってもよい。そして,この100年の理論的変遷の中で,常に理論の

根底に通奏低音のように流れていたのは,「自由と調整」の問題であると思う。なぜならば,マネジメントの理論の背景には,旧社会のしがらみを逃れ,自由を求めて世界中から集まってきた人びとが,民族・文化・宗教などの対立を乗り越え,いかに自分の夢や目的を実現させ,協働で社会的発展をもたらすか,という切実な問題があったからである。従って,マネジメント理論は,誕生の当初からグローバル社会を前提としており,多元的価値を越える価値観を設定し,それに基づいた全体の利害を調整する方法を提示していくという根本的な課題を背負っていたということができよう。

　以上のように考えると,現在われわれが直面している「グローバルなネットワーク社会」は,とりたてて今日的な状況という訳でもない。上で述べたアメリカは,20世紀始めに大規模な移民の流入ばかりではなく,交通網の発達,電話や電信による通信ネットワーク技術の革新時期を迎えていた。そこでは,おそらく根本的なレベルで今日と似たような問題が起こっていたであろうと思われる。今日的な状況を分析する枠組みを考えていくに際して,まず注目したいのは,この時代に起こった時代の変化とそこで登場した管理と組織の思想である。そこには,原初的であるがゆえに,より本質的な問題が現れていると考えられ,今日のグローバルなネットワーク社会を考えていく上でも重要な視点が存在していると思われるのである。

　われわれが特に本書で中心的に取り上げ,今日的な状況の中で再検討を試みるのは,メアリー・P.フォレットの思想である。彼女は19世紀の終わりから20世紀の初めにグローバル都市ボストンに生き,ハーバード大学ラドクリフ校,ケンブリッジ大学ニューナムカレッジで政治学,歴史学を学び,ハーバードを中心としたアカデミック・コミュニティーとの関連を持ちつつ,ソーシャルワーカーとして地域の問題に取り組み,草の根レベルでの民主主義の実現を目指した人物である。彼女の「理論」は,眼前のコミュニティーに根ざした問題意識に支えられ,極めて現実的でありながら,近視眼的な枠組みに縛られず,複数の学問領域を超えて,問題解決の枠組みを模索しようとする「プラグマティズム」に根ざすものであった。また,20世紀初頭のアメリカの未曾有の発展の中で,社会的・文化的バックグラウンド

の違う人びとが，いかに価値の対立を乗り越えて自由な社会を実現していくか，という問題に取り組んでいた。思索と実践を通じて，彼女が出した一つの答えは，「自発的な協働によるネットワーク社会の実現」，彼女の思想に即して表現するなら「創造的なネットワーキング社会の実現」であったと理解することができる。

彼女の夢見た未来を，21世紀の今，われわれは実現しているのだろうか。協働を支える多くのマネジメント技術も，グローバル・ネットワークを促進する情報技術も，彼女の生きた時代には想像もできないほど進歩した。しかし，その進歩の果てにわれわれが直面してしまったこの問題を，どのように理解すればよいのか。インターネット無法地帯とそれを取り締まるための徹底的なサイバー空間コントロール，民族の自主独立とその結果としてのテロと紛争，熾烈な企業の自由競争と徹底的な保護主義，これらの対極にあるものの間に，おそらくはわれわれの目指す答えがあるのだろう。今，改めて「グローバル・ネットワーク社会における自由とは何か，組織とは管理とは何か」，この問題を原点に立ち戻って考えてみたい。

2．フォレット理論の方法的意義

フォレット理論の重要な意義の一つは，認識方法上の特質にある。フォレットは，自らの主要な研究対象であった社会——より具体的には人間協働——を認識する際に一貫した方法的態度をとっていたと理解できる。彼女は，社会科学に自然科学的方法を適用することを良しとしながらも，社会科学固有の事実認識の方法があることを主張し，これを自ら追求しようとした。この結果，彼女の理論には一貫して独自の「ものの見方」が存在している。その特質の第一は社会的事実を「プロセス」として認識していること，第二は事実を分析的に把握するのみならず「総合的に」把握していること，そして第三は，認識主体と対象とを切り離して捉えないこと——「主観と客観の総合としての事実認識」——である。こうした認識方法に立って，彼女

は常に社会活動を行う「参加的観察者」の視点から人間協働を理解していったと考えられる。

　こうした方法的態度は，彼女の認識枠組としての「概念」の考え方にも大きく影響を及ぼしている。彼女は概念というものを，単なる「静止的な構図」とは捉えなかった。概念は複雑な現実を単純化してわれわれに示してくれるが，それは一瞬の時点の投影にすぎないこと，そして一度概念化された現実は，われわれの思考を通じて行為に反映され，次の社会的事実を創り出していくことをフォレットは指摘し，こうした概念の「動態的プロセス」――概念化作用――に着目する必要があることを主張した。つまり，彼女にとって，概念とは，自らの行為との関連で常に変化するものであった。

　われわれは現実を把握するにあたって客観的現実から，そして主観的思考から導き出された概念に徹底的に依拠しつゝ現実を認識し，それに基づいて行為し，また概念そのものがその経験に変化していく，というプロセスを日々たどりつつ生活しているのである。彼女にとって，事実認識の正しさ，あるいは概念の妥当性はあくまでも次の行為の中にあらわれてくるものであり，単に記述された論理や，概念体系の中でのみ検討されるべきものではなかったのである。つまり，彼女は「生きられる理論」「生きられる概念」の構築を常に追い求めていたと言えるであろう。

　このような彼女の方法的特質は，現代の社会科学にとってどのような意義を持つものなのであろうか。この点について若干の考察を加えておきたい。特にここでは，われわれのものの見方に大きく影響を与えてきた「近代科学」の認識方法との関係でこの点を考えてみたい。[2]

　デカルト以降のいわゆる「近代科学」的なものの見方は，われわれの生活全般に大きな影響を与えてきた。この影響は，自然科学のみならず社会科学にも及び，20世紀現代社会における「世界観」を形成している。こうした近代科学の認識方法の特徴を簡単に示せば次のようになる。①事実と価値の分離――とりわけ価値を含まない事実の強調，②見るものと見られるものとの分離――認識主体から切り離された客観的対象の追求，③総合的視点を欠いた分析的視点のみの強調，という三点である。

このような認識方法は，科学技術の進歩に代表されるような豊かな果実を現在にいたるまで生み出してきている。しかし，最近になって，こうした近代科学的認識方法にも限界があることを，われわれは理論的にも，経験的事実にもとづいても気がつき始めている。[3)]

このような限界を生み出した原因の一つは，先に述べた近代科学的認識方法の背後にある事物の存在そのものの捉え方にある。それは A. N. ホワイトヘッドが 'simple location' と呼んで批判した「あらゆる事物は相互の関連を離れて個々ばらばらに存在している」という考え方である。現実にはあらゆる事物は相互に関係しているが，近代科学の前提に，このような存在に対する認識があることから，「具体性取り違えの誤謬」が生じ，われわれの経験の世界に実際に現れているような多くの問題の原因になっていると考えられる。こうした誤りをもたらさないためには，あらゆる事物は相互に関連しているということを存在論の前提に据えた認識方法が要求される。

このような近代科学的認識方法の限界を乗り越えようとする一つの哲学的，方法的試みを行った人物の一人に，マイケル・ポラニー（Michael Polanyi）がいる。彼の主著『個人的知識』（*Personal Knowledge*）[4)] において示された彼の知識論には彼の認識方法の特色が顕著にあらわれている。それを要約すると次のようになる。第一に，知識はそれを有する個人から離れて存在するものではなく，むしろ個人的な要因——主観，直観，情熱など——は，知識の阻害要因ではなく，中心的役割を果している。第二に，「知る」という行為の中には，いま知られつつあることを知りつつある個人の情熱的な寄与が入り込む。[5)] これは知識の不完全性を招くのではなく，個人の知識の不可欠な要素である。第三に，個人は対象の内に「棲み込む（dwell in）」ことにより，初めて対象を理解することができる。そこには主体と客体の分離はない——知ることの存在論的側面の強調。第四に，「知ること」は，自己の存在を通しての真理の追求である。われわれの内なる「個人的なもの」は内部の意識と外部の現実とを結合しようと試みる。われわれは好き勝手に行動する自由があるのではなく，われわれ及び他の能力のある個人により確認されうる手掛りや問題に応答するよう呼びかけられている。

このことから「知ること」の論理は，個人の「責任の論理」と同義となる。

　以上のように，ポラニーによれば，知識は主観的でも客観的でもなく，両者の超越であり，それは普遍的意図をもって行為する個人によって達成されるものである。こうしたポラニーの知識観に立てば，行為の主体である個人の「経験と創造性」がもっとも重視されるのである。今までの近代科学的認識方法が，あたかも客観的対象があるという暗黙の了解のもとに，認識主体の主観性の入り込む余地のない客体の姿を描き出すことのみを追求してきたことに対して，ポラニーは大きな疑問を投げかけた。そして，認識主体と対象との主体的なかかわり――普遍的な意図を持ったかかわり――によって，存在そのものの姿が見えてくるとして，主体と対象との間の「創造的相互作用のプロセス」と，そこから得られる「経験」というものを重視したのである。このようなものの見方は，認識と主体と対象が，互いに分かちがたく結びついている社会科学にとっては特に重要となる。

　このようなポラニーの認識方法は，フォレットの方法と極めて重要な点で共通していると思われる。すなわち，フォレットは，社会――人間協働――を捉える際に認識主体と対象を切り離さず，主体と客体，主観と客観が同時に存在する状況として捉えた。また，彼女は常に部分のみでなく「全体状況」を捉えること，部分の相互関連を認識することの重要性を認識していた。また，彼女にとって，理論や概念はわれわれの日常生活の中で，行為を通じて日々変わりゆくものであった。われわれは，国家や民主主義といった概念を単なる抽象として捉えるのではなく，それぞれの人間の日々の行動を通じて捉えることがまず必要であり，経験を通じて対象を認識することの重要性を主張したのである。そして，こうした個々の経験が交織されることにより新たな知識が創造されうるとフォレットは考えたのである。

　このようなフォレットの方法には，すでに近代科学の限界を越え出ようとする視点が内包されていると言うのは言い過ぎであろうか。フォレットは，科学的管理の時代に生き，自ら「科学的」であろうと欲し，繰り返し繰り返し「科学」という言葉を用いている。そして自ら「協働の科学」を確立しようとした。もちろん，フォレットの言った「科学」とは，時代的に考え

ても「近代科学」であったことはまちがいない。しかし，彼女の理論を一貫して流れている方法に目を転ずる時，そこには，近代科学を含みつゝも，さらにそれを越え出ようとする可能性が感じられる。[6] そしてそのことが，フォレットの方法の持つ大きな現代的意義の一つであると考えられるのである。

3．フォレット理論の組織論・管理論上の意義

　フォレット理論は現代組織社会を把握するための一般理論としての性格を有していることはすでに述べた。ここでは，そのような性格を踏まえつつも，経営組織論・経営管理論として捉えた場合の意義について検討してみたい。まず，ここで改めてフォレットの組織論・管理論の特色を整理しておこう。

　フォレットは，組織を人間行動のネットワーク――より具体的には，行動・機能・経験・責任の「交織」――として捉えており，その動態的プロセスを示そうとした。それは「相互作用（円環的反応）」，「統一体化」，「創発」の一連のプロセスであった。そして，その組織を全体として捉えると，様々な要素の「統合的統一体」であり，「機能的統一体」として理解することができるものであった。しかしこのことは，「職位の体系」とか「職能の体系」あるいは「権限の体系」としての組織と同義的なものとして言い換えることはできない。フォレットは，単に目的から導き出された職務の結びつきや職位の階層秩序といった，いわば「構造的要素」のみで組織が成立するとは考えなかったのである。

　組織は，人間が自らの機能を果たすという「行為」を通じてたえず生まれ出るものとフォレットは認識していた。つまり，彼女が描こうとしたものは静態的な組織体ではなく「組織化のプロセス」であった。人びとの行為が互いに結びつけられ，調整されて，全体としてまとまりを持った統一体が形成されていく「プロセス」こそ，フォレットが捉える組織そのものであったの

である。これを今日的に表現すれば,「ネットワーキング」プロセスと言ってもよい。

　このような組織の捉え方は,企業目的の効率的な達成の道具として,「職能別組織」を提示したテイラーの組織の考え方と根本的に異なるものである。すなわち,フォレットは,組織というものの人間にとっての目的達成の手段ないし道具的な性格ではなく,組織それ自体の動きに着目したといえる。フォレットにとっては,「人間にとっての組織」あるいは「組織にとっての人間」という考え方は存在しておらず,人間が社会に生きている限り相互作用があり,そこには統一的全体が生ずるという考え方がある。従って,こうした組織化のプロセスを語ることは,同時に,社会に生きる人間の姿そのものを描くことでもあった。

　フォレットにとっては,管理もまた組織の動態化プロセスの一要因であり,組織化の一過程であった。また,組織とは,参加者が自ら意識的に行動することにより自己統制を行い,それによって全体として調整されるものと考えられた。そして,参加者の統制は一瞬一瞬の「状況」から生まれてくると考えられていた。つまり,人間は常に過去から蓄積された具体的な「状況」に自らの行為を投じることによりその「状況」を変えていく,と同時に,次なる自らの行為は「状況」の要求するものに従って生まれてくる。このことを,フォレットは「状況の法則」に従うことであるとし,これを管理の本質に据えた。

　企業において,一見すれば上司の命令に部下が従って職務遂行しているように見られる場合でも,実際には状況が求めるもの——人びとの相互作用によって形成された「集合的な要求」——を管理者が認識し,それを部下に命令という形で与えている場合が多い。逆に言えば,状況の法則に反する命令は,その遂行に非常な困難がともなうことが多いといえる。従って,フォレットは,その状況の参加者すべてが状況の観察を行い,そこから求められる命令を認識し,それを各自が受容して自らの行為を遂行していくことを,「状況の法則」に従う調整と捉えた。これは職位に基づく人間の人間による統制ではなく,各自が主体的に状況にかかわりつゝこれをを認識し,自

らの行為を調整するという意味で「自己統制のプロセス」と言いうるものである。フォレットの管理論はこの意味で,「自己統制」の理論であると言える。ここでは管理者は,各メンバーが状況認識を適確に行えるよう教育訓練を行ったり,状況設定を行うというような,いわば「助言者的」な役割となる。

　さらに,フォレットの「自己統制」の意味は,上に述べたような組織の参加者が自ら管理するという意味にとどまるものではない。フォレットは,人間と組織を切り離して考えてはいない。人間の円環的反応から組織化プロセスが形成されるのであり,人間の行為なくして組織は成立し得ないと考えた。一度統一体化された組織は,それ自体の全体性をもって,個人と円環的反応を行い,個人の行為を統制するようになる。つまり個人と組織の相互統制のプロセスが生ずるのである。フォレットは,このプロセスを「相互浸透のプロセス」とも呼ぶ。このようなプロセスにおいては,組織が自ら統制を行っていると見ることもできる。フォレットは,この意味では,「組織自体」の自己統制のプロセスを描いたと言うこともできるのである。[7]

　このような組織観に立てば,組織は目的達成のための手段的な用具ではなく,個人の目的や価値を含み,これらが相互浸透し合って全体的な共通目的や共通価値――フォレットが「集合的観念」,「集合的意思」と呼んだもの――が創発し,それが個人の目的形成へとまた反映されるという「目的形成のプロセス」としても理解できる。

　ここで問題となるのが,個人の目的と組織目的あるいは諸個人の目的の間のコンフリクトである。フォレット理論の大きな特色の一つは,この「コンフリクトの捉え方」にある。彼女は,コンフリクトを組織の秩序を乱すものとは考えなかった。コンフリクトは,「相異」であり,諸個人の欲求や価値の存在を示すものであり,組織にとっては必要不可欠な要素であった。

　人間はそれぞれ異なった欲求を持っており,それが満たされることにより,自らのエネルギーが解放され,それが組織の活性化につながる,と考えていたフォレットは,コンフリクト解決の方法こそが組織の動態化の契機であると捉えたのである。そこで重視されたのが「統合」という解決方法で

あった。これは，コンフリクトの当事者が，互いに相手を支配することなく，互いに妥協することもなく，共に欲求が満たされるという解決方法である。この統合への道としてフォレットが主張したことは，コンフリクトのシンボルとなっているものの背後にある「相異」を見出すことであった。すなわち，互いの欲求の真の意味を探り，それを相互につき合わせ，その意味を再解釈することによって，双方とも満足しうる解決策を探ろうとするところに「統合」への道が開けると，フォレットは強調したのであった。

このような，欲求の意味の再解釈は互いの行為に反映し，円環的反応に新たな要素を付加することになり，コンフリクト以前の状況とは異なる新たな状況を創発させることになる。こうして全体としての組織は動態化していくのである。この意味で，フォレットはコンフリクトが，組織にとって建設的な要素となりうることを指摘したのである。

以上のように，フォレットの組織論・管理論の最大の特色は，「動態的プロセス」として組織を描いたことにあったが，もう一つ忘れてはならない点がある。それは，フォレットにとっての組織は，「諸要素の関係的全体」であり，とりわけ「環境的複合体（environmental complex）」[8]として特徴づけられているという点である。彼女は組織と環境との関係を，有機体（生物）と環境との関係になぞらえて把握しており，有機体が環境と相互に調整し合うように，組織も環境に影響を及ぼし，かつ，環境も組織に影響を与え，さらに組織は，組織と環境との「関係そのもの」からも影響されているという。ここにもまた円環的反応が成り立っていることを指摘したのである。つまり，組織もまた環境との円環的反応を行いつゝ，自ら統一体化していく自己統制のプロセスとして捉えられていたと言える。このこともまた時代を考えれば画期的である。

さて，このように理解できるフォレットの組織論・管理論には，どのような現代的意義があるのであろうか。このことを考えるために，1970年代以降の組織論・管理論をとりまく状況を踏まえておく必要があろう。

科学技術の果てしなき進歩，政治・経済状況の国際的激変，情報ネットワーク社会の進展，人びとの価値観の変化，われわれを取り巻く環境は日々

刻々と変わり，予測の困難な時代を迎えている。こうした環境の流動化の兆しが見え始めたのは1960年代末から1970年代初頭であると思われる。ベトナム戦争，第一次オイル・ショックなどをきっかけとして，世界の政治・経済状勢が変わり，低成長の時代に入る。また，資源の有限性が世界的に認識されるようになると，企業はそのような環境にいかに適応し，生存し続けるかということを摸索するようになる。

そこで登場してきたのが「コンティンジェンシー理論」であった。1960年代末に生まれ，70年代に全盛を迎えたこの理論は，環境変動をいかに把握ないし予測し，これに対していかに合理的な組織機講を設計するか，あるいは，いかに効率的な管理方式を採用するか，という戦略的視点に関心が向けられていた。従って，環境をタイプ別に分類し，それぞれにいかなる組織機構や管理方式が可能であるか──あるいは最適であるか──といった，いわば「場合分け」のような方法で仮説が設定され，実証的データによってそれを検討していくといった傾向が強かった。そして，このような理論の背景には，組織は，環境が適確に認識できれば，それに適応して合理的に目的達成を行う用具であるという前提が存在していたと考えられる。

しかし，1980年代以降，環境の流動化はますます激しさを増し，しかも，企業そのものが自らその流動を作り出しているという状況にいたって，組織や管理の捉え方も変更を余儀なくされた。組織の構造よりも機能を，静態的側面よりも動態的側面を重視しようとする傾向が高まり，組織を合理性追求の用具として捉えるよりも，非合理的であいまいな側面を有した有機的な存在として捉えようとする動きが生じてきた。さらに，現代の大きな特徴である情報化社会の進展とあいまって，組織を情報処理のシステムやネットワークとして把握しようとする動きも出てきた。その結果，組織論・管理論の枠組は極めて多様なものとなり，学派が形成されるというよりも「ミニ・パラダイム化」[9]現象を生じていると言っても過言ではない。90年代以降，今日までもその傾向はさらに加速している。

「組織進化論」，「自己組織化理論」，「あいまい意思決定論」，「組織文化論」，「ネットワーク論」など様々な名称で呼ばれ，それぞれ異なるアプローチ方

法をとっている現代的理論には，大きな共通点があるように思われる。それは，いずれも，もはや組織を人間の目的達成のための制御可能な機械として捉えておらず，それ自体が動きを持ったまとまりある存在であることを暗黙のうちにでも認めているところではないだろうか。そしてその組織自体の動きの中に管理という機能を位置づけようとしているところにも特徴があると思われる。組織は，人的要素，物的要素，そして情報などが相互に関係づけられた全体であって，環境変動に適応するべく，いろいろなレベルで，それぞれに部分的に適応を行っている存在であり，一見すると混乱に満ちているかに見える。かつて，管理論は管理者がいかにこれらの諸要素を調整し，全体的にまとめて成果へと導くか，という点に焦点が据えられていた。しかし現代の理論では，管理は組織の動態的プロセスの中の一つの「統制点」ないし「調整機能」としてのみ把握されるようになっていると理解できる。[10]

　管理の主体は必ずしも管理者であるとは限らない。必要とされる組織のあらゆる側面において，調整が行われなければならないし，実際に行われているのである。極言すれば，組織はあらゆるレベルで自己調整を行っている存在であるということ，そして，そうした自己調整を通じて外部環境に適応すると同時に，自ら環境を創造していく存在であることが，現代の理論の重要な主張の一つであると理解できる。そして，ここにフォレット理論との共通性がある。

　フォレットは先述のように組織を動態的プロセスとして描き，その内容を「相互作用，統一体化，創発」の連続的プロセスとして捉えた。このプロセスは常に秩序づけられた全体をもたらすとは限らず，秩序形成と破壊化傾向というアンビバレントな側面を含んでいる。このことを，フォレットはコンフリクトの発生ということによって明示している。しかし，コンフリクトが統合的に解決されれば，状況は進展し，新たなプロセスが生ずる。こうして組織は動態化していく。こうした彼女の「組織化プロセス」は，現代の代表的理論の一つであるK.ワイクの「組織進化論」の考え方とも類似点がある。[11]

　また，フォレットは，組織動態化をもたらすものとして「自己統制」という機能を重視した。特に彼女は，組織に参加している個々人が一度は機能化

することを通じて再主体化することにより，自ら行為的責任を果たし，それが全体の調整をもたらすという形で，いわば組織の「自己言及」,「自省機能」の存在を示した。このような点では「自己組織化理論」へと発展しうる可能性を秘めていたと言いうることもできる。[12] しかし，フォレット理論の意義は，単に，現代理論との類似性にのみ存在するのではない。

　彼女は確かに組織の動態化プロセスを描き，統一的全体としての姿を明らかにしようとした。その点では現代の理論に相通じるものがある。しかし，それのみではない。彼女は，全体としての組織の動きを捉えつゝ，それを形成している人間の行動や価値，人間の心理への関心を最後まで失うことはなかった。とりわけ人間の欲求満足により組織の動態化がもたらされると同時に個人の自由も実現できることをフォレットは示そうとした。また，組織社会に生きる人間は自ら機能化することにより主体化し，周囲との関係の中で自ら成長しうる存在であることをフォレットは主張した。この意味で，彼女にとって組織動態化のプロセスを描くことは，同時に，人間の創造的成長のプロセスを描くことでもあったのである。

　今日，個人の自由や創造性重視の主張が高まっている。しかしこれはともすれば，企業の環境適応能力を高めるため，あるいは組織の存続のための手段として強調される傾向がある。環境流動化の時代には，組織の環境適応が第一に重要であり，そのために個人の創造性や個性すら手段視されかねない状況が存在している。しかし，こうした考え方は，組織を目的達成の用具として捉え，その環境への合理的適応を目指していた1970年代の主張の姿をかえた繰り返しにすぎないように思われる。他方で，インターネットに代表されるような現代のネットワーク組織における個人は，一見すると自由のようでありながら，見えない統制を受け続けている。

　組織はわれわれにとって，何かの目的を達成するための単なる用具ではない。そこに生き，そこで喜び，悲しみ，自らを形成していく基盤でもある。「人間のための組織」,「組織のための人間」という発想はすでに過去のものとなってしまう程に，われわれは今，組織と共に生きている。組織を通じて生きること，人間として周囲との関係の中で成長すること，それが現代社会

に生きる大前提であるように思う。そしてその前提を踏まえた上で,「人間らしさ」を求めようとした時,そこに,フォレットの主張した「機能」を通じての自己実現と責任の論理が再度考えなおされる必要がある。すなわち,個人は自らの機能を最大限の努力と責任とをもって遂行することによって,組織全体をその機能の内に反映し,また個人を全体へと反映させることができる。それがフォレットの主張であり,現代組織社会を貫く一つの原理として彼女が捉えたものであった。このことの意味を,今,あらためて問うてみたい。

4．本研究の視座

　フォレットは,その活動領域の広さから,経営学のみならず,政治学・社会学など多様な側面からの研究が可能であり,実際に行われてきた。政治学の分野からフォレットの政治統合論を中心に研究を行った岡本仁宏は,フォレット研究の歴史をフォレット自身の活動領域の変化に対応して分類・整理している。彼は,フォレットの活動領域を次のように分類している。

　　第1期：既存アカデミーの中での学究生活の時期で,『下院の議長』がその主たる成果。
　　第2期：1900年以降のロクスベリーでの実践を手始めに地域での参加論の形成・実践の時期で,1918年の『新しい国家』が主たる成果。
　　第3期＝過渡期：前著出版後1924年の『創造的経験』の出版までの,心理学的な一般社会過程論の展開期。第2期と第4期との間の過渡期にあたる。
　　第4期：1925年以降の経営組織論・産業統合論の展開期で主たる成果は上述の2冊の論文集（"Freedom & Co-ordination","Dynamic Administration"）にまとめられている。一応,その死までの時期とする。[13)]

そして，この分類から見ると，従来の研究は，①第2期を主たる対象としたもの，②第4期を主たる対象としたもの，③一応彼女の全領域を扱ったものに分けられるとしている。[14] フォレット自身の内面的な変化（思想的変化）を考慮していないという点で問題は残るとしても，この分類を一応受け入れるとすれば，従来の経営学者によるフォレットの研究は②と，少数ではあるが③に属するものとなっている。ここではとりわけ，本研究の意図を踏まえて，③に着目してみることにする。

フォレットの生涯と全著作を一応の対象とし，全般的研究を行おうと試みた最初の代表的研究者は E. フォックス（Fox, Eriot）である。彼は，1960年代末のアメリカの現状を「前例のない対立状態」にあるとし，それを克服しうる「社会的ネットワーク」の確立のために，社会的変化の動態化と対立解決の方法を模索しようとしてフォレットの研究に取り組んだ。彼は，まず，フォレットの生涯について，自らの資料にもとづき詳述した後に，その著作と講演の歴史を追いながら，彼女の思索活動を考察していく。彼は特に，フォレットの「人間関係への注目」，とりわけ「相互作用」に着目し，フォレットの仕事を追いながら，彼女の相互作用論がいかに展開されていくか，そして最終的には，いかに統合論へと結びつけられていくかを検討している。そして最後に，統合を実現するためのフォレットの管理論を述べ，彼女を「保守的革新者」[15] と位置づけるのである。

彼の研究は，自らの問題意識に基づいて，フォレットの相互作用論・統合論の発展過程を描き，フォレット理論を一貫して貫く問題を描いてみせたことと，それを現代に通用しうるものとして意義づけたという点においては充分価値を認めうるものである。しかし，フォレットのそのような理論が生まれるに至った思想的背景や，フォレット理論の概念体系を示すという点では必ずしも十分とは言えない。そして，そのことから，フォレット理論の現代的意義や有効性が明らかに示されてはいない結果に終わっている。

また，わが国では，1966年に垣見陽一が初めてフォレットの体系的研究（垣見 [B12]）に着手して以来，藻利重隆，斉藤守生，北野利信を代表とする多くの研究者によって，いろいろな視点から研究が進められてきた。特

に，三戸公・榎本世彦による『フォレット』[16]は，フォレットの生涯と全著作を全体的に扱った初めての書物と言える。ここでは，フォレットの生涯を追いながら，その流れの中で彼女の業績を位置づけている点が評価できる。その際に「統合」概念に注目してはいるものの，必ずしもフォックスのように一貫した問題意識の下に論じているとは言えない。また，「科学化」という点から「統合」を論じようとしているが，フォレットの方法的検討や「科学観」というものの考察が弱いため，論点があいまいになってしまっている。特にテイラーの「科学観」──近代科学──との対比が明確に行われているとは言いがたい。さらに，著者達の基本的立場が「組織は人間の目的達成の道具である」ということであるため，フォレットの組織観の特色が必ずしも明確に伝わってこないように思う。

　また，本節の冒頭で扱った岡本は，政治学の立場からフォレットの全体に及ぶ研究を目指しており，『新しい国家』を中心とする政治統合についての歴史をふまえた緻密な研究は，経営学者にとっても学ぶべき視点であると思われる。しかし，岡本の研究には次の不十分な点があるように思われる。一つは，岡本の基本的視座である「基本的組織」[17]というものの理論的性格づけが必ずしも明確ではなく，そのような視点に立てばフォレット理論の「何が」「どのように」明らかになるのかという点が不明確であること。もう一つは，研究史の整理という側面から見ても，単に，フォレットの活動領域別に研究対象を識別し，それによって従来の研究を区分するだけでは，フォレットの思想的継続性と変化，そして，研究者の問題意識と関心領域を明らかにすることが困難であるということ。さらに，岡本は，フォレットの考え方──政治的思想──が当時の歴史的現実とのかかわりでいかに意味があったかを明らかにしてはいるが，その普遍的・理論的価値を必ずしも明らかにしてはいない。

　最後に，フォレットの全体を扱ってはいないが，経営学上のフォレットの意義づけを最初に明確に行った代表的な人物として藻利重隆の見解を紹介しておきたい。藻利は特にフォレットが「管理の科学化」を目指し，「情況の法則」を提示した点を重視しているが，ここでも「科学とは何か」というこ

とを必ずしも明示してはいない。とりわけ「経営の科学」というものがその他の「科学」とどのように異なるのか，あるいは同じものなのかを明らかにしてはいない。さらに言うならば，この場合の「科学」とは主体と客体とを峻別し，純粋に客観的対象の存在を認めた上で，これを分析しようとする，いわゆる「近代科学」の方法を指しているのか否か。藻利は明らかにはしていないが，フォレットの主張する「事実の客観性」を重視するところから見て，近代科学と同義の意味で「科学」という言葉を用いているようである。とするならば，ここに疑問が生ずる。すなわち，フォレットの目指した「科学的方法」とは，いわゆる「近代科学」と同じものであったか否か，ということである。この点を明らかにするためには，フォレットの認識方法の検討がどうしてもなされなければならないであろう。

さて，フォレットに関する代表的研究をいくつか検討してきたが，筆者は，従来のフォレット研究，とりわけ経営学的視点からのフォレットの全体的研究に対して，次の三つの疑問を抱いてきた。

まず第一には，多くの人びとが彼女を「経営思想家」ないし「管理の哲学者」として位置づけている[18]にもかかわらず，なぜ彼女の思想的基盤の研究がなされないのか。第二には，彼女の思想は理論的に体系化されていないが，われわれがそれを受けつぐために理論化すべき方法的基盤をどのように捉えればよいのか。また，その際の基礎概念の再検討をどのように行えばよいのか。そして第三に，彼女の組織論・管理論の概念を明示化し，その現代的意義を明らかにする必要があるのではないか。

本研究は，以上のような自らの疑問に答えるべく，入手できる限りのフォレットの文献を精査し，フォレットの思想的基盤をまず明らかにし，その上で彼女の認識方法を考察し，その上に立ってあらためて彼女の基礎的概念を捉え直すことを試みる。こうした基盤を踏まえた上で，フォレットの組織論・管理論の体系化へ向けて整理・検討したいと思う。

5．本書の構成

　すでに本章において，「研究の目的」や「研究視座」について述べたが，続く第2章では，フォレットの生涯をその時代的背景とともに検討する。第3章では彼女の思想的基盤について，プラグマティズム，「全体と個」の観点からみた民主主義，機能主義，という三点に注目して考察を行う。第4章では，フォレットの認識方法がどのように特色づけられるのかを検討する。彼女には社会や組織を「過程」として捉える特徴があるのだが，特に「社会過程――組織過程――」の意味を考察する。

　第5章では，第4章までに展開された基本的概念の上に立って，フォレットの組織論および管理論がどのように展開されているかを筆者の観点から整理し，その意味を現代的意義にも照らした上で考察する。第6章では，結論と今後の課題について述べる。さらに補章において，20世紀初頭のマネジメント主義（managerialism）の生成過程をフォレットの文献から検討・考察することを試みる。

注
1）Lessig, Lawrence, *Code and Other Laws of Cyberspace*, New York : Basic Books, 1999.（山形浩生・柏木亮二訳『Code：インターネットの合法・違法・プライバシー』翔泳社，2001年。）
2）三井泉「人間協働の新たな理解へ向けて――バーナードは近代科学を越えているか――」，飯野春樹編『人間協働――経営学の巨人，バーナードに学ぶ――』文眞堂，1988年，114-120頁，を参照のこと。
3）こうした限界の克服を目指して，現在「ニューサイエンス」「ポストモダン思想」などの台頭が見られる。
4）Polanyi, M., *Personal Knowledge――Toward a Post-Critical Philosophy*――, The Univ. of Chicago Press,1958.
5）フォレットもこの点に特に注目していたと考えられるが，この点については第Ⅳ章の「認識方法」の考察のところで検討する。
6）この点はフォレットが「協働の科学」を目指したと評する藻利と大きく異なるところである。なぜならば，藻利は，あくまでも近代科学という意味で「科学」を志向しておられるからである。
7）この点は，「自己組織化のプロセス」に通じるところがある。
8）Follett, M. P., edited by Urwick, L. H., *Freedom & Co-ordination*, Management Publication Trust Ltd.,1949, p.81.（以下，*F. C.* と表示。）

9) この言葉は今田高俊が著書『自己組織性』創文社，1986年の中で使用して以来，現代の社会学理論の方法的多様性を示している。
10) 三井泉「「状況による管理」に関する一考察 —Follett, Weick, Marchの所説を中心として—」，『青山社会科学紀要』第13巻1号，1984年，83-98頁，を参照のこと。
11) 上掲論文参照のこと。
12) ここでの「自己組織化」の規定は，今田高俊，前掲書に依っている。
13) 岡本仁宏『〈基礎的組織〉と政治統合—M. P. フォレットの研究—』滋賀大学経済学部，1986年，13頁。
14) 上掲書，25頁。
15) Fox, E. M., *The Dynamics of Constructive Change in the Thought of Mary P. Follett*, (Doctoral dissertation, Columbia Univ., 1970), p.199.
16) 三戸公・榎本世彦『経営学——人と学説——フォレット』同文舘，1986年。
17) 岡本仁宏，前掲書，5-6頁。
18) 例えば，フォレットの論文集の編集を行ったメトカーフ，アーウィック，そして先述のフォックス，そしてD. レン（D. A. Wren），わが国では，三戸・榎本がその代表としてあげられる。

第 2 章

フォレットの生涯とその時代
──素　　描──

1．はじめに

　本章では，アメリカ史の背景の下に彼女の生きた軌跡を，考察していく。なぜならば，彼女はその生涯を通じて，常に時代の要請を自らの問題として捉え，専門分野にとらわれない独創的な視点からこれらを分析し，社会の中でこれらを解決しようと実践したからである。

　本章では，まず彼女の生涯を三つの時期に分ける。第1期は彼女の誕生から学究生活を終えるまでの時期である。この時期のアメリカは，南北戦争後の産業復興期にあたる。また，フォレットの育ったボストン周辺では，教育制度が充実し，知識人たちの間にプラグマティズムの精神が広がりを見せはじめる時期である。第2期は，フォレットがソーシャル・ワーカーとして活躍する時期である。1900年代の幕明けから第一次大戦終結にいたるこの時期は，「革新主義の時代」と呼ばれ，市民レベルでの民主主義運動が活発化する。また婦人の社会活動も盛んとなっていく時期である。第3期は，第一次大戦後のアメリカの経済発展の下で，フォレットが自らの思想を経営の分野へと展開し活発に講演活動を行い，大恐慌の最中の1933年に生涯を閉じるまでの時期である。以下，この順に考察を進めていくこととする。[1]

2．南北戦争の終結から20世紀の幕明け：フォレットの誕生と生いたち

　1868年9月3日，フォレットはボストン郊外のクインシー（Quincy, MA）に生まれた。プロテスタントの宗教心に富んだ父と社会性にあふれた母に暖かく育まれ，1881年からは，ブレントリー（Braintree, MA）にあるセイアー・アカデミーに在籍する。ここで彼女は最初の師であるA. B. トンプソン（Anna Boynton Thompson）に出会い，知的世界への扉を開かれていく。トンプソン女史は，当時ハーバード大学で活躍していたジョサイア・ロイス（Josiah Royce）の弟子であり，彼から観念論哲学を学び，自らはフィヒテ研究の著書[2]を著した人物である。フォレットはトンプソン女史からフィヒテの観念論をはじめ，多大な知的刺激を受けると同時にその質素な生活態度を学んだという。[3]

　フォレットはセイアー・アカデミー卒業後1888年，20才でハーバード大学アネックス（後のラドクリフ校）に入学する。ここで出会ったのが後に彼女の著書『下院の議長』[4]の序文を書いているA. B. ハート（Albert Bushnell Hart）であった。ハートは政治制度や過程に関する歴史的かつ実証的な研究をしていた人物であり，フォレットは1888年から1890年まで，彼から政治学の歴史的な視野と実証的な研究の方法を学ぶ。1890年からの一年間，フォレットはイギリス，ケンブリッジのニューナム・カレッジに留学し，ここで道徳哲学の先駆者H. シジウィック（Henry Sidgewick）に師事することになる。イギリスで彼女は哲学・歴史・法律学・政治学について学び，イギリスの生活習慣などにも強い関心を持つようになる。またこの留学はその後，何年も後になって彼女が深くかかわりを持つようになるイギリスとの最初のきずなを作ることになった。彼女の最初の著書である『下院の議長』の基礎となる「アメリカの下院議長の任務について（"On the American Speakership"）」という研究発表は，ニューナム歴史学会で行われた。

　1891年，フォレットはボストンに帰り，1892年から1894年までの休

学期間を経て，1894年から1897年までラドクリフ校に学ぶことになる。その間の1896年には，彼女の研究成果をまとめた最初の著作『下院の議長』が発表される。本書でフォレットは，入手しうる限りの資料にあたって，植民地時代から1895年までに及ぶ下院の議長達の実証的研究を展開している。彼女はこの中で，自ら学んだ歴史学・政治学を駆使し，歴史的視野を持つ政治過程の研究を行っていくのである。ここにおいて彼女は歴代の議長の個人史をたどりながら最終的には，下院の議長の政治制度上の位置づけを行い，権限とリーダーシップのあり方について洞察を深めていった。そして1898年，彼女は最優等の成績で卒業する。

このラドクリフでの10年間は，彼女にとっては，研究上の業績もさることながら，多くの親密な人間関係を築いた貴重な歳月でもあった。ソーシャル・グループ活動の観点からフォレットを研究したA．コーエン（Avrum Isaac Cohen）は，学位論文「メアリー・パーカー・フォレット：民主主義の代弁者，ソーシャル・グループ・ワークの哲学者，1918－1933」[5]の中で，フォレットの交友関係を扱っている。彼は，フォレットに影響を与えた交友関係をハーバード＝ラドクリフグループと『ニューリパブリック』グループという二つのグループから考察している。

コーエンによれば，19世紀末の10年間と20世紀初頭の数10年間は，ボストン周辺の，研究・教育・執筆などの諸活動にたずさわる多くの人びととの間に，知的興奮が高まった時期であるという。彼らはハーバード大学を中心として，アメリカの高等教育に新たな一時代を築いていった。とりわけ，その中でハーバード大学の黄金期を形成した人物として着目されているのが，C．エリオット（Charles W. Eliot）である。彼は1869年からハーバードに在職し，有能な教授陣を集め，アメリカの大学院教育の発展に寄与した。彼がハーバードに招いた人びととは，ヘンリー・アダムス（Henry Adams），ジョージ・サンタヤナ（George Santayana），ジョサイア・ロイス，ジョージ・H．パルマー（George Herbert Palmer），チャールズ・E．ノートン（Chales Elliot Norton），ウィリアム・ジェイムズ（William James），チャールズ・T．コープランド（Charles Townsent Copeland），ジョージ・L．キッターリッ

ジ（George Lyman Kitteridge），アルバート・B. ハートであった。

　さらにこれらの教授陣は多くの有能な学生達を育てていく。その中には医師で，後に社会的診断法（Social diagnosis）を提唱した，リチャード・C. キャボット（Richard Clarke Cabot），心理学者のウィリアム・E. ホッキング（William Ernest Hochking），政治経済学者チャールズ・W. ミクスター（Charles Witney Mixter），後にハーバードで財務論を教えることになる証券業者アーサー・V. ウッドワース（Arthur V. Woodworth），『ウェブスター新国際事典』の編集スタッフ（1899 年－ 1911 年）であり，集団のリーダーシップという問題にも強い関心を抱いていたアルフレッド・D. シェフィールド（Alfred Dwight Sheffield），「社会的利害（social interests）」の法理論を展開し，ハーバード・ロー・スクールにおいて 1916 年から 1936 年の間学部長であったロスコウ・パウンド（Roscoe Pound），後に最高裁判所の陪席裁判官を務めたルイス・D. ブランダイス（Louis D. Brandeis）らがいた。

　このような動きは，ハーバードのアネックスから発展したラドクリフ校へも波及していった。その中にフォレットやエラ・L. キャボット（Ella Lyman Cabot），――1889 年から 1891 年のラドクリフ校の優等生であり，1894 年にリチャード・キャボットと結婚した著名な教育者――やアダ・E. シェフィールド（Ada Eliot Sheffield）――アルフレッド・D. シェフィールドと 1905 年に結婚し，ラドクリフではフォレットの学友であった著名なソーシャル・ケース・ワーカー――らがいた。

　フォレットは，ラドクリフでの学生生活とその後のソーシャル・ワーカーの時期を通じて，これらボストン周辺の知識人と直接的・間接的に影響を及ぼし合い，自らの思想を深めていったのである。そのことは，1918 年に発表された彼女の第二の著作『新しい国家』（The New State）[6] 序文からもうかがい知ることができる。彼女はここで，最初のドラフト原稿を批評してくれたトンプソン女史，中心的アイディアについて議論してくれたブランダイス夫人，E. キャボット，A. ウッドワース，そして原稿を読みそれを発展させるような教示を行ってくれた A. ハート，H. オーバーストリート（Harry Allen Overstreet），W. ホッキング，ロスコウ・パウンドらに謝辞を述べて

いる。[7] フォレットは，ハーバードを中心とするボストンの知識人達から多くの思想を学んだ学生であると同時に，彼女自身がその時代の知識人集団の一角を形成し，19世紀末から20世紀初頭のアメリカの時代精神を築き上げていたと言うことができよう。そして，彼女は特にこの時期，ボストンを中心に盛んになりつつあったプラグマティズムの影響を強く受け，自ら行為を通じて思想を実現していくというプラグマティストとしての基盤を固めていったと考えられる。さて，このような時代のアメリカの状況に目を転じてみよう。

1865年，アメリカは「骨肉相争う戦い」と言われた南北戦争が終結し，多くの課題を抱えて国家再建への第一歩を踏み出した。それは，農業国アメリカから工業大国アメリカへの変貌の第一歩でもあり，さらに来たるべき世界一の産業国家への幕明けの時でもあった。南北戦争直後には14,000トンにすぎなかった鉄鋼生産量が15年で100倍となり，1890年には400万トンを越えてイギリスを凌駕するに至ったという事実を見ても，工業化の進展がいかに急激なものであったかを知ることができる。[8]

工業化は交通網の発達を促し，1830年，ボルティモア－オハイオ間に鉄道が開通し，その後，1869年には大陸横断鉄道が完成する。これによって国内市場は量的・質的な変化を遂げていく。商業取引の増大，機会の増加，商品の多様化などが，この輸送革命によりもたらされ，経済発展の大きな引き金となっていく。こうした状況の中から生じてくるのが企業合同によるビック・ビジネスであり，巨大資本家であった。この時代を捉え，作家マーク・トウェインは「金ピカ時代（The Gilded Age）」と名付けている。この言葉には，上辺だけの金持ち，つまり成り上がり者で，金のためなら手段を問わない金権欲の権化と化した実業家達の横行ぶりを揶揄する意味も込められていた。しかし，現実に，貧乏な青年が高度成長の波の中で自らの野望を果たし，億万長者となるという成功物語は実現可能であり，そのような形で成功した富豪が，アメリカの経済発展，資本主義の発展に大きく寄与しうる時代であったのである。人びとはこのような成功の夢に自らを託し，大きな野望を持ち，激しい競争を展開していった。そして，このような人びとの立身

出世意識をある意味で正統化したのが，ソーシャル・ダーウィニズムと呼ばれた「社会進化論」，すなわち「適者は生存する」という考え方であった。

　しかし，このような高度成長の夢と活気に満ちあふれた時代は，その背後に大きな矛盾と対立を常に孕んでいる時代でもあった。経済成長の中で約10年の周期で訪れた三度の不況――1873年，83年，93年――は全国的規模で大きな犠牲をもたらした。農民は農地を手離し，都市へと移り住む者も増えていった。急激な工業化は，工業労働者数を増大させ，農業から転向した者に加えて，ヨーロッパ，その他の国々からの大量の移民が低廉な労働力となった。移民は1860年から1930年の間にうなぎ昇りに上昇していった。[9] これらの工業労働者は都市に集中し，「人種のるつぼ」としての様相を呈していく。ここに民族間の対立，農村社会と都市社会との対立，宗教間の対立が生じることになる。中でも，特に工業化の進展とともに深刻化したのが「労使の対立」であった。賃金・労働時間をめぐる労使対立は全国で激化し，1868年には全国労働者同盟が結成され，1878年には労働騎士団の結成，そして1886年にはアメリカ労働総同盟（AFL）が結成され，全国規模での労働組合組織が形成されるのもこの時期であった。フォレットはこうした対立状況を目のあたりにして，「対立の克服の問題」へと関心を向けていったと考えられる。

　また，このような労働状況を逸速く把握し，労使対立を克服すべく，賃金形態と作業条件の改善にむけてフリデリック・W. テイラーが「科学的管理」の基礎を確立していくのもこの時期である。彼は技師として活躍しながら，1895年には *A Piece Rate System*[10]，さらに1903年には *Shop Management*[11] をまとめ，これを契機として，19世紀終りから20世紀初めに及ぶ「科学的管理」の全盛時代を築き上げていく。まさにこの時期こそ「管理の時代の幕明け」ということが出来るであろう。フォレットもまた，こうした動きに共鳴し，後に，テイラーとは異なる視点から「協働の科学化」を目指していったといえる。

　急激な工業化がもたらした対立や矛盾は，政治制度にも大きな影響を与えていく。特に，急速な都市への人口集中は，都市の住環境，衛生環境，教育

施設等の面で深刻な問題をもたらしていった。このような中で人びとの日常的な要求を満たしてくれたのがマシーンと呼ばれる政党の地方組織であった。マシーンとそのボス達は，賄賂を使い市政を牛耳ったり，公共事業と結びつくなどして私腹を肥やしていった。他方では，その地域の住民に住宅，職場，教育などの世話を行い，選挙の一票を勝ち取るための努力を怠らなかった。その結果，市政における政治的腐敗はますます進んでいった。こうした問題に対し，フォレットは『新しい国家』の中で鋭く批判している。しかし，このようなマシーンの私欲に満ちた「慈善事業」とは別に，善意のボランティアによるソーシャル・ワーカーが活躍するのもこの時期である。その例として挙げられるのは，1889年にジェーン・アダムズ（Jane Addams）らによって始められたセトゥルメント活動である。彼女はシカゴ市のスラム街の一角にハル＝ハウス（Hull House）というセトゥルメント施設を開設し，貧しい人びとのための社会教育・保育などを行った。その後この事業は拡大され，アメリカ全土に広がっていく。こうした活動は，多くの婦人社会事業家によって支えられ，1905年にはセトゥルメントの数は各地で200に及んだという。[12] フォレットもこのような婦人達の活躍に刺激され，自らも学究生活を終えると社会活動へと転じていった。

3．革新主義の時代から第一次大戦へ：フォレットのソーシャル・ワーク

　フォレットがラドクリフで学び，自らの研究成果を発表し，社会へ進出しようとしていた時期，それはレッセ・フェールに基づく保守的な価値意識を排し，新たな社会規範を築いていこうとする「改革の時代」への気運が社会的に高まりを見せはじめた時でもあった。知識人や思想家をはじめ多くの人びとの間に，自由放任主義を批判する動きが生じてきた。また，この時期は，大企業の成立にともない，専門的知識人ならびに専門経営者が活躍するようになり，合理的な秩序や科学性を重んじ，社会的進歩を望む声が高まっていた。

「革新主義運動（progressive movement）」と呼ばれる改革運動の引き金となったのは，1893年の不況であった。経済的・社会的不安の中で，市民はまず市政改革に乗り出した。マシーンの支配による政治的腐敗を排し，市民団体などが中心となって市政の合理化・能率化が推し進められていった。フォレットも関心を持つようになった市委員会制度（commission system），市管理者制度（city manager system）などが出現してくるのは，こうした動きの中からであった。1900年以降，この改革の波は全国に広がっていった。特に，ウィスコンシン州ではロバート・ラフォレット（Robert M. La Follette）の指導の元に，直接選挙制の実現，公務員制度の改革，税制改革など，次々と改革が行われ，「民主主義の実験室」と呼ばれた。こうした改革運動は市民団体，教会組織，婦人団体によって促進されこれに加えて，「マックレイカーズ」と呼ばれるジャーナリスト達が改革の気運をあおりたてていった。

　1901年，大統領に就任したT.ルーズベルト（Theodore D. Roosevelt）は，スクウェア＝ディール政策の下に，トラスト征伐を唱え，改革を推し進めていく。また1909年にルーズベルトの後を継いだタフト（William Howard Taft）の下で多数のトラストが告発されるなど，さらに革新的な政策が進められている。しかし，これに対抗して保守派の勢力も強まることになり，タフト自身は保守派に組していくことになる。革新の嵐はそれでもとどまることなく，1912年にはニュージャージー州の革新知事で，元プリンストン大学学長であったウッドロウ・ウィルソン（Thomas Woodrow Wilson）が大統領に選出され，革新運動は収穫期を迎えることになる。ウィルソンは，法的規制の下での自由競争の回復（New Freedom）を目指し，革新政策の法制化，具体化を図っていった。こうした三代に及ぶ革新主義政権の下で，それまでアメリカ社会を支えてきたレッセ・フェールの精神は次第に崩壊していったのである。

　こうしてアメリカはこの時期，内においては産業国家への道を驀進し，革新運動を推し進めていくと同時に，外に向かっては海外市場を求めて，帝国の建設を推進し，世界強国への階段を登っていく。そして1914年8月，

世界の列強が「互いに喉笛をねらい合う」とフォレットが後に表現した第一次世界大戦が勃発する。当時の大統領であったウィルソンは，中立の立場を取り，「正義と理性」に基づく講和をアメリカが斡旋しようと努めた。つまりウィルソンはアメリカの民主主義を基盤として新たな世界秩序を確立しようとしたのであった。しかし1917年にはついにアメリカも参戦を余儀なくされ，ウィルソンは「世界平和のための参戦」の名の下に，積極的な世界秩序の形成へと乗り出していった。

1918年1月には国際連盟の設立構想を含む第14ヶ条をウィルソンは提示し，同年秋ドイツは講和を申し出，11月に休戦条約が成立することになる。1919年1月には，ウィルソンは，パリ講和会議に臨みヴェルサイユ条約が成立した。ウィルソンが望んだ最大のものは国際連盟の設立であった。彼は，国際連盟を通じて，世界の改革を目指そうとしたのである。そこで唱えられたものは力による国際関係の確立ではなく，帝国主義を排し自由に根ざした強調へ向けての改革であった。すなわち世界秩序を保ちつつ各国の自由を実現させるという彼の「新しい自由」の国際的実現を国際連盟に託したと言うことができよう。フォレットは『新しい国家』においてこの点を評価し，自らも世界国家へと関心を深めている。しかし長年の改革の嵐の後のアメリカ国民の心は，第一次大戦を経て，保守的伝統を守ろうとする立場に傾きはじめていった。

このような改革と戦時体制へむけてアメリカが動乱していた時期に，フォレットはその時代の問題を自らの問題として，社会的活動に積極的に乗り出していったのである。

ハーバード大学ラドクリフ校を1898年に卒業したフォレットは，1900年前後からショウ夫人（Mrs. Quincy A. Show）の紹介で社会活動への扉を開かれる。フォレットのソーシャル・ワーカーの出発点はボストンのロクスバリー（Roxbury）地区における青年の社会的教育の場であるロクスバリー討論クラブの結成であった。彼女はここにおいて，職捜しをしようとしている若い人びとの抱える問題に直面し，この経験がその後の彼女の職業指導や職業紹介への強い関心をもたらすきっかけとなった。またフォレットは，

1902年にロクスバリーのディアボーン・スクールで児童クラブの会長も務めており，地域社会の青少年の教育問題にも関心を示していくことになる。これら二つのクラブは合併され，より大きなクラブとして発展していくことになった。しかし，1900年前後のフォレットのソーシャル・ワーカーの記録はあまり明らかではないとされている。[13]

　フォレットのソーシャル・ワーカーとしての活躍を明確に示した最初の記録は，「ボストン婦人市政同盟（The Womens Municipal Leaque of Boston）」での活躍である。ここは，ハーバード大学のA. L. ローウェル学長の妹，キャサリン・L. ボルカーにより，指揮・運営されており，ボストン地域の積極的な婦人の社会活動の促進を目指していた。会は発足当初1,000名を超える会員によって始まり，1915年までには会員数2,500名を数えるまでになり，そのうち200名は活動（運営）委員にあてられていた。会は一年に20,000ドルから25,000ドルを支出したが，それらは会報出版，専属職員への給与などにあてられており，それらの資金はすべてボランティアによって集められたものであった。

　フォレットはこの会の下部委員会会長として活躍し，学校の校舎の夜間利用も兼ねたソーシャル・センターの形成を行っていった。これは青少年の労働の余暇の有効利用を目指して作られた社会・文化施設とでも呼べるものであり，ドラマ・クラブ，オーケストラ，グリークラブ，ダンス・クラブ，アスレチック・クラブなど，多くの部から成り立っていた。ここで若者たちは趣味に興じると同時に，技能の習得に励んだ。先に述べたように，この時期各地でセトゥルメントの活動がさかんであったが，このソーシャル・センターはセトゥルメントのような慈善的色彩はなく，会員の自治をもって運営されており，市民としての自覚と自主管理の精神を育てることを基本的な目的としていた。後にフォレットが『新しい国家』や『創造的経験』において主張するようになる「生活レベルでの民主主義の実現」ということを，すでにこのソーシャル・ワーカーの仕事において目指していたと言えよう。

　フォレットは，他の市民団体の多くが「革新主義」のプロパガンダのみを挙げていたのに対し，日常の小さな出来事や青年の日々の暮らしの喜びをも

たらし悩みを解決するなどの社会の問題に取り組んだ。このことは，政府や地方自治体による上からの民主主義ではなく，個人個人の自覚と自己統制を基盤とし，互いに相互作用し協調していくことを通じての，「下からの民主主義」の実現を目指そうとするものであった。

　フォレットは，ここで単なる娯楽的なクラブを運営したものではなく，クラブの中での個人の役割を自ら自覚させ，社会の中での「機能」を果たすことにより，人びとははじめて社会に貢献し得ることができ，自ら自由を獲得することができるということを若者達一人ひとりに実感させようとしたと考えられる。

　フォレットは次第に若者達の就職指導にも深くかかわるようになり，職業紹介所の設立へと向かっていく。フォレットは後の講演において繰り返し「職業意識」ないし「専門家意識の育成」というものの重要性を強調しているが，その基本的アイディアは，こうした職業指導の体験を通じて生まれてきたと考えることができる。人間は何らかの職業につき，その職務を自らの責任を持って果たすことにより，はじめて社会的存在となる。そしてこのことは，同時に他の人びととの人間関係の中で自らの機能を果たし，機能的統一体としての社会を築いていくことでもある。フォレットはソーシャル・センターでの体験を通じて，こうした彼女の思想の基盤となるものを確立していったと言えるかもしれない。こうした日常の生活レベルでの意識的活動から，真の民主主義が実現されていくものであることを身を持って体験したとも言えるであろう。こうしたフォレットのソーシャル・センターは，ウィスコンシン州がアメリカ全体の中で「民主主義の実験室」と呼ばれたように，ボストンにおける民主主義の実験室であったと言ってもよいであろう。

　フォレットをはじめ，婦人市政同盟の活躍は次第にボストンの教育委員会にも認められるようになり，1912年にはボストン教育委員会の正式な教育制度の一端として許可された。また，各センターとの共同により職業紹介所を開設し，さらにフォレットは青少年のみならず成人を対象とした成人センター，コミュニティー・センターへの関心を広めて行った。フォレットはやがてこの運動を国家レベルのセンターに再組織化することへ関心を向け，実

際のセンター運営は他の婦人達に引き継がれていく。しかし1917年，多大な資金源であったショウ夫人が死亡し，アメリカも第一次大戦へと参戦するに至り，こうしたソーシャル・センター活動は急激に衰えていく。フォレット自身も体調を崩し，実践的活動から一時手を引き，『新しい国家』の執筆へとむかっていくのである。

　この活動を通じてフォレットが学び得たもの，それは，社会の中でいかに人間が人間とともに生きていくか，そしてその中でいかに個人の自由を実現させていくか，ということであったと思う。彼女は，20世紀の幕明けとともに自ら社会の中に入り，実践の中でレッセ・フェールの時代が終わったことを実感した。彼女はソーシャル・センターの活動を通じて，人間が社会の中で生きていくことの重要性を確信し，人間関係を通じて人は成長しうるものであるということを知り得たと言える。彼女は『新しい国家』の中で，もはや「群集（crowd）」の時代は終わり，「集団（group）」の時代が来たことを述べている。[14]つまり，レッセ・フェールにおいて前提とされた，個々をばらばらな人間の集まりではなく，人間関係の中で，あるいは組織の中で他の人びとと関係しつゝ生きる，そのような社会が到来した，ということの認識であった。

　彼女は改革の時代にあって，急激に進展していく社会の中で，人びとの日常生活の中に，すでに大きな変革が起こっていること，すなわち「組織の時代」が到来しつゝあることを，ソーシャル・ワーカーの体験を通じて身をもって知ったのである。彼女にとって，ソーシャル・センターの目的は，青年達に20世紀の「組織社会に生きる」ということの意味を教え，それをクラブの自治などを通じていわば疑似的に体験させ，訓練し，それを通じて市民生活を体得させると同時に，社会全体を活性化させ真の民主主義を実現させようとするところにあったと考えられる。[15]

　しかしこのことは，組織生活ないし市民生活に適応させるように個人の個性を「画一化」させていくことではない。むしろ彼女は個というものを徹底的に尊重し，自己と他者の相違を主張すること，そしてこれを見極めることを強調した。[16]しかし，彼女にとって個は全体と対立して存在するものでも

なかった。つまり，個人は常に社会全体とともにあり，社会も常に個人があってこそ成り立つという考え方がフォレットの基本的な思想である。従って彼女が重視したことは，個人の持つ自主性を尊重し，個人の人間的成長をもたらすような人間関係をいかに形成していくか，ということに向けられていったと言える。人間関係への着目，そしてそれを機軸とした組織社会の認識とその発展を通じての民主主義の実現——「全体の中での個」の自由の実現——という彼女の一生を通じての問題意識は，まさに，このようなソーシャル・ワークを通じて確固たるものとなり，『新しい国家』において明らかにされるのである。

彼女は『新しい国家』において，近隣集団の自主的な管理による民主主義の実現可能性を主張している。そこには，彼女が社会にあらゆる生活の場面で出会った具体的経験が述べられ，彼女が自分自身の目で捉えた革新主義時代のアメリカの姿があらわれている。彼女自身，ウィルソンが用いた「新しい（new）」という言葉を用い，19世紀末から20世紀幕明けのアメリカの新たな価値意識や社会制度が生まれてゆくことに期待を込めた。しかし，彼女が望んだのは，単に形式としての直接民主制や，投票箱民主主義ではなかった。むしろ，人びとが生きる毎日の暮らしの中で，可能な限り多様な価値が表出され，それが一人ひとりを取り巻く日常的な近隣集団の中で相互浸透し合い，「新たな価値」が生まれ「集合的観念」と「集合的意思」が形成される，という「日常的行為の中での民主主義」であったと言えよう。ここには，彼女のプラグマティズムの精神が生きている。

そこで彼女がまず直視したものが「人間行動のネットワークとしての組織」というものであった。彼女はこれを「人間の心理」の側面から解明する必要があると考えたのである。政治学から出発したフォレットは，自らの社会活動を通して，当時の新しい学問であった社会心理学へとその興味を拡大していったといえるかもしれない。そのことの背景には，アメリカの革新時代から戦争の時代のソーシャル・ワークを通じて，社会を動かすものが「人間それ自身」であること，制度的な側面——静態的側面——よりもむしろ人間行動の「動態的側面」が重要であることを自ら実感したことがあるであろ

う。この意識は，1920年代アメリカの平和な時期を迎えてもフォレットの心の中に深く刻まれ，1924年の『創造的経験』[17]における独自の相互作用論の展開という形で結実していくのである。

4．第一次大戦後の繁栄から大恐慌へ：フォレットの思想の結実と社会的活躍

アメリカにとって，第一次大戦の終りは同時に平和と繁栄の時代の幕明けであった。大量生産の原理を基盤として，自動車，電化製品をはじめとする多くの商品が大衆化されて人びとは消費を美徳と考えるようになっていく。F. アレン（F. Allen）によれば，「1919年には，合衆国で677万1000台の乗用車が使われていたが，29年には少なくとも2312万1000台になった。……1923年末でさえ，典型的なアメリカ都市である"ミドルタウン"には，すでに三世帯に二台の割で車があった」という。[18] また，自動車の隆盛に加え1922年春からはラジオが大流行し，電気アイロン，洗濯機，掃除機などが家庭に普及し，電話，化学製品，レーヨンなども需要が伸びていく。

このような大量生産は，消費者の購買意欲をかきたてるべく，広告の必要性をもたらす。新聞・ラジオ・雑誌などのメディアを通じての広告の時代が到来し，同時にセールスマンが大活躍するようになる。そして，こうした大量生産・大量消費という生活様式は次第に人びとの考え方そのものに影響を与えるようになる。ビジネスそのものが価値を持つものとなり，人びとに尊敬の念を持って見られるようになるのもこの時期である。これを反映して，大学ではビジネス・コースが設置され，実務教育も盛んとなり，国の政策としてビジネスの利益促進をはかるようになる。このような傾向を時の大統領クーリッジ（John Calvin Coolidge, Jr.）は「アメリカの仕事はビジネスである。」と表現するにいたった。

さらにこうしたビジネス社会の到来を反映して，アメリカのいたるところで実業家の団体が昼食会を開いたり，著名人の講演会を開くなどして，「ビジネスの精神」を拡大させていった。こうした団体は「ビジネスによる救済

と改新への力」を信条とし，全国的な社会活動を展開していった。この時期，実業家はまさにアメリカ社会の夢を実現させる使者であり，社会において最も未来を見通しうる目を持った人物であると自負し，また少なからず認められていた。フォレットも『創造的経験』や後期の論文で，こうした実業家達の昼食会に呼ばれて講演し，有意義な体験を持った時の事を述べている。

フォレットは第一次大戦後，次第に実業家と交流するようになり，ビジネスへの関心が次第に強まっていく。その中の一人がヘンリー・C.メトカーフ（Henry C. Metcalf）であった。彼はテイラー協会と関わりを持ちつゝも，管理の人間的側面に注目し，1920年にニューヨーク人事管理協会を設立した人物である。彼は著名な知識人を招き，実業家達に向けて講演会を開いている。その講師陣には，フランク・ギルブレス（Frank B. Gilbreth），オードウェイ・ティード（Ordway Tead），ハリー・オーバーストリート，エルトン・メイヨー（Elton Mayo），アルフレッド・シェフィールド，エデュアート・リンデマン（Eduard C. Lindeman），ロスコウ・パウンドらが名を連ねている。[19] フォレットはメトカーフに招かれ，この講演会で実業家達の前に立つことになるのである。

フォレットは1912年の「婦人最低賃金法」の成立にともない，婦人や未成年者の基準賃金決定問題の調停委員となり，1920年から21年には食品・菓子製造業最低賃金局，そして1920年から1922年にはブラシ製造業最低賃金局の調停委員に選出されており，こうした体験からすでに企業の直面する人事・労務上の問題に直面する機会を得ていた。さらにまた，先に述べたような実務家達との交流のなかで，彼女の『新しい国家』における問題意識を更に発展させていくことになったと考えられる。すなわち，「組織の中に生きる人間」の姿が，より凝縮された形であらわれているところは企業であり，その中で特に管理者はより具体的に多くの問題に直面し，これを解決しようとしている。そして，管理者はこうした問題を解決するために日々積極的に討論し，試行錯誤し，自ら実験を繰り返している。こうした場を，フォレットは次の研究対象として注目し，実際に自らの思想を展開させようと

したと考えられる。そして，このような体験と，問題意識とが絡み合って，1924年に『創造的経験』（Creative Experience）が発表されるのである。

彼女は『創造的経験』の序論で次のように言う。

> 今日最も必要とされるのは，人間関係についての，鋭く，分析的かつ客観的な研究である。……政治学・経済学・そして社会学の概念は，それが人間生活の中に生かされているうちに研究されねばならない。われわれは一般的意識の「概念」ではなく，具体的な共同的行為（joint activity）について研究する必要がある。われわれは，過去がこれらの問題に対して投じたいかなる光も無視することなく，工場や店，町の集会や会議などにおける日々の仕事のなかで人びとを観察し，われわれが学びうるものを知るべきである。[20]

フォレットはここでも，『新しい国家』で示した基本的な考え方を一貫して保っていると思われる。それは，人びとの日々の活動の観察を通じて人間関係を研究していくという立場であり，そのための基本的な視点として「相互作用」を重視しようとする立場である。フォレットはここにおいて，個人個人の「経験」というものに着目し，多様な経験を互いに交織（interweaving）させることによって創造性を生み出し，社会を発展させていく姿を描こうとした。こうした考察を通して『新しい国家』で提示した「集合的観念」と「集合的意思」の形成過程をさらに展開しようとした。このことを説明するための基礎概念として「円環的反応」「対立」「統合的行動」「創発」などを明示したと思われる。[21] その意味で，彼女の「組織動態化理論」の理論的基盤を最も明確に示したものが『創造的経験』であると筆者は考えている。

また，この書物の冒頭で，彼女は，先にも触れたがA. シェフィールド，E. リンデマン，ハーバート・クローリィ（Herbert Croly）に謝辞を述べている。このことはこの時期にいたるまでのソーシャル・ワークの活躍を通じ，フォレットは多くの人びととの交流をさらに拡大していたことを物語って

いる。先述のコーエンはフォレット研究の中で，このような交流を『ニューリパブリック』グループとして指摘した。ここで彼はフォレットが，上述の三人の他に，社会事業に活躍したドロシー・W. ストレイト（Dorothy W. Straight），そしてウォーター・リップマン（Walter Lippmann）とも交流があったと述べている。また，リンデマンとは長い間親しく交流が続けられ互いに訪問し合い，思想的影響を与え合ったという。[22]

フォレットは1925年から1928年にかけて，ニューヨーク人事管理協会で「建設的対立」「命令の授与」「統合的統一体としての事業」など，後に経営学上の業績として高く評価される数多くの講演を行うが，この講演において述べられている考え方の基盤は『創造的経験』においてすでに明らかにされたものであった。

フォレットと実務家とのかかわりは，人事管理協会のみにとどまらず，イギリスのラウントリー講演会[23]（1926年）やテイラー協会での講演[24]などを通じて，英米両国において確固たるものとなっていく。とりわけ，ラウントリー・チョコレート会社社長，シーボーム・ラウントリー（B. Seebohm Rowntree）により，後にフォレットの論文集を編さんすることになるL. アーウィック（Lyndall Urwick）大佐に紹介されたことは，フォレットにとってもアーウィックにとっても貴重な出会いであったといえよう。[25]

フォレットは，こうして自らの思想を，社会のあらゆる人間協働を対象として展開させ，深めていくことにより，「組織社会の哲学」，今日的な言葉で言えば「ネットワーキング社会の論理」と呼びうるものを形成させていったのである。

この時期，管理論史に目を転ずれば，テイラーの「科学的管理論」の持つ機械的人間観や過度の合理性の追求に批判的見解も生まれ，それと同時に1924年からは，後に人間関係論へと発展するきっかけとなったホーソン・リサーチが始まっていた。しかし，「科学的管理論」も「人間関係論」にしても，いずれも企業組織を主たる対象とし，その枠の中での管理や組織の問題を中心として取り扱っていた。それに対してフォレットが目指したものは，最終的には「社会プロセス」の進展であり，そのための具体的な人間関

係の改善ということであったと考えられる。その意味で，フォレットは，科学的管理と人間関係論の時代に生き，その影響を強く受けながらも，それらとは異なる独特の思想を展開したと筆者は考える。

その詳細な特徴については後の章で検討を重ねることになるが，現時点で彼女の経営思想の特質を簡単に述べるならば，「組織社会（あるいはネットワーキング社会）としての現代社会の認識を基盤とし，そこに存在するあらゆる人間協働に共通する組織・管理の思想」ということになろう。すなわち彼女は，政府，地域集団，ボランタリー組織，企業など，人間協働一般に共通の組織現象を対象とし，組織・管理の一般理論を目指したのである。しかし，彼女は理論そのものを体系化された静態的なものとして考えていたのではなく，自らの行為とのかかわりの中で常に変わりゆくものとして捉えていた。従って彼女が『創造的経験』などで示したような基本的概念は，いわば彼女の行為と思索との絡み合いから生じてきた「動態的な概念枠組」[26]として特徴づけられるものと筆者は考える。こうして，フォレットは，当時のアメリカに成立しつゝあった組織社会の中で，それを把握するための動態的枠組を形成し，さらにその枠組を用いて多くの実際上の問題を分析・解決し，多くの人びとに示唆を与えると同時に自らもその経験に基づいて概念をつくり変えていくというプロセスをたどって，自分の思想を深めていったといえるのである。

第一次大戦後のアメリカの経済的繁栄は，1929年にそのピークを迎えたが，同年10月24日，後に「暗黒の木曜日」と呼ばれることになった株式の大暴落をきっかけに，未曽有の大恐慌への道をつき進んでいく。1929年を境に失業者数は日増しに増大し，1929年の全米155万人に対し，1933年には1,400万以上の人びとが失業していたと推定されている。また賃金カットも相次ぎ，製造業労働者の1929年平均週給25.03ドルが1930年には23.25ドル，そして1933年には16.73ドルにまで下落したという。[27] 当然のことながら，工業生産も急激に低下し，農業もさらに大打撃を受けた。こうして不況の波はアメリカ全土を覆い，国民の間には社会不安が広がっていった。

このような状況に直面し，自由主義経済信奉者で共和党のフーヴァー（Halbert Clark Hoover）大統領は当初「景気はその街角まで来ている」と楽観的な状況認識を行い，アメリカの経済回復力に期待していたが，事態は悪化の一途をたどっていった。フーヴァーの行ったいくつかの経済政策，農業政策，失業対策も効を奏することなく，遂に1932年の大統領選において民主党のフランクリン・ルーズベルト（Franklin D. Roosevelt）に，席をあけ渡すことになる。

　「われわれが恐れねばならないのは，ただ恐れそのものである。」1933年3月4日，大統領就任式においてこのように述べたルーズベルトは，自らの言葉を実行に移すべく，次々と積極的政策を展開していく。「ニューディール」と呼ばれるこの新政策は「救済（Relief）」「復興（Reconstruction）」「改革（Reform）」という三つのRを目的とし，多角的な国家計画の下での経済の回復を目指すものであった。

　このニューディールは，アメリカ経済の特質を恒久的に変えていくことになるが，その大きな変化を，F. アレンは次の五点において捉えている。第一は，アメリカの経済競争の規則を大幅に書き換えたこと。第二は，経済競争上の負け犬の保護者として，連邦政府が大きく介入したこと。第三に，公共事業の促進により，失業対策に積極的に乗り出したこと。第四に，労働組合運動を合法的に促進したこと，そして第五に，国民経済を全体として運営していこうと試みたことである。これは，それまでのアメリカの自由主義経済に比較すれば，かなり大幅な政府の干渉を認めるものとなったが，私企業の活動はそのまゝ残されるという点から見ても，社会主義秩序への移行ではなく，両者の中間的存在であるとアレンは位置づけている。[28]「国家的な経済計画の下で，いかに自由な活動を確保しうるか」，そのことの模策こそ，まさにこの時期のアメリカ全体の抱える問題であったといえよう。そして，この世界的不況と混乱の時期，フォレットは，自らこの問題を見つめ，解決の糸口を模策するかのごとく，アメリカとイギリス両国において思策活動を精力的に展開していく。[29]

　フォレットは1927年・28年と人事管理協会で講演を行った後，しばら

くジュネーブに滞在し，国際連盟の研究を行っている。これは彼女が『新しい国家』以来抱き続けてきた「国際関係の協調」「世界国家」への関心に基づくものであったと推察されよう。この期間，フォレットは，ジュネーブで，ガール・スカウト世界連盟総本部の管理者であったキャサリン・ファーズ（Dame Katharine Furse）女史と知り合い，1929年からは，ロンドンに住居を移し，このキャサリン女史と共に暮らしたとされている。[30]

　フォレットは大恐慌の真直中の1932年，アメリカで「計画された社会における個人主義」と題する講演を行っている。これは，人事管理協会の年次大会のため準備した最後のものであり，「経済計画と社会計画」というシリーズの形で提示されたものである。フォレットはここで，自らの組織と管理に関する基本的な考え方を社会的計画の問題へと応用し，「計画された社会における自由の実現」というアメリカ全体の抱える大きな問題に取り組んでいる。ここで彼女は，「自由放任の反対は自己統制である」という主張を繰り返し行い，自由競争の時代が終わり政府のコントロールの下での自由競争の実現の時が到来しているということを強く訴え，国民一人ひとりの国家建設の情熱を喚起しようとした。これは彼女が生涯を通じて求めてきた「組織社会における自由」「関係を通じての自由」の実現への道であり，今こそ，彼女の主張が社会的に大きな意味を持つ時であると強く確信していたようであった。F.ルーズベルトがニューディール政策を展開する一年前に，彼女は，その精神的基盤をすでに準備していたと言えるかもしれない。

　1933年1月から2月にかけて，フォレットはロンドン大学経済学部に新設された経営学科の記念講演に招かれ，「事業経営における組織と調整」と題して5回連続の講演を行った。そしてこれが彼女の最後の講演となったのであるが，この一連の講演の最後の「統制の過程」の結論において，次のように述べている。

　　今や私は結論に到達した。われわれは産業において調整を志向している。
　　なぜなら，企業は統一体を通して，それ自体の推進力を発展させるもの
　　であることをわれわれは知っているからである。しかも，このような自

己発展的統制（self-generated control）は強制を伴わない。しかし，私は，この種の管理が十分に理解されているとは思っていない。すべての人はレッセ・フェールの時代が過ぎ去ったことを知っている。しかし社会主義者たちは，その代わりに国家統制（state control）をわれわれに与えようとしており，それによって彼らは国家強制を意味している——われわれは，彼らのパンフレットの中に幾度となく力とか強制とかいう言葉を見出すのである。これらの言葉を使用している人びとは，レッセ・フェールの反対を強制であると考えるという致命的な誤りを侵している，と私は信じている。そうではない。レッセ・フェールの反対は調整なのである。……異なる産業組織の諸方針は，外部の権限によって強要されるのではなくて，統合の過程によって自然発生的にもたらされる諸変化によって，相互に調整されねばならないであろう。……政府や，産業や，国際関係などの目的とプロセスは，社会の正規の機能の外部から強要される統制ではなくて，それらの組織のすべての機能の調整を意味する統制・すなわち集合的自己統制でなくてはならない，と私は思うのである。……われわれは皆，この統制のプロセスにおいて，意識的に，ある役割を果たすことを義務づけられているのでないであろうか。今日われわれは無秩序の中に住み，その奴隷となっている。われわれの問題に着手するためには，この問題に取り組んでいると感ずるためには，自由になるためには，われわれは集合統制の方法を学び，これを実施しなければならない，と私は確信する。[31]（傍点は引用者）

　フォレットはこの講演の後，1933年6月には母を亡くし，一時アメリカに帰る。しかしその後，親友キャサリン女史の病気看病のためにイギリスに戻り，彼女の回復を待って再度母の遺産管理のために帰米するなど，極めて多忙な日々を過ごした後，同年12月，病いに倒れ手術の甲斐もなく12月8日，ボストンの病院にて65年の生涯に幕を下ろした。病名は癌であった。この年，アメリカの恐慌は世界に波及し，世界的な社会不安は，ドイツにおいてはヒットラー政権を生み出すに至った。そして，この時を始まりとし

て，世界は，フォレットが最も嫌った「全体主義の時代」へとつき進んでいくのであった。

　1933年12月21日付『ザ・ニューヨーク・タイムズ』の著名人の死亡欄には「メアリー・P・フォレット――市民運動家死す」と記されている。しかし，彼女の人生を振り返ると，単に「市民運動家」という肩書きでは語り尽くせない広がりがある。フォレットはその生涯のあらゆる時期を通じて，常に自分の立場において最大限に社会的機能を果たそうと試みた女性であると言ってもよいだろう。今世紀初頭，アメリカの「革新主義の時代」にあっては，ソーシャル・ワーカーとして社会活動に取組み，また1920年代「繁栄の時代」においては，経済的リーダーである経営者達に適切な示唆を与え，大恐慌の困乱の中では「計画の下での自由の実現」を目指す新たな社会的秩序を見出すべく社会に呼びかけた。メトカーフ，アーウィック，フォックス，コーエン等，フォレットを評価し，その価値を認める人びとの多くは，彼女が経営や社会集団を考察するための「哲学的基礎」を与えたという点を重視している。しかし，彼女は単なる思想家，机上の論理だけをもて遊ぶ哲学者ではなかった。彼女は，常に，日常の生活の中に生き，そこで活動しつつ自らの思想を形成し，その思想を人びとと分かち合い，日々の暮らしに生かしていくといったタイプの活動家であり，また思想家であった。

　しかし，フォレットは日常の生活の中に埋没してしまうこともなかった。日常の問題を徹底的に捉えることにより，そこから普偏的価値を見出し，国を越え，時代を越えて通用しうる思想を展開した女性であった。しかも，一つの価値観にしばられることなく，多様な価値を統合させ，常に新たな思想を創造していこうとする意志を持ち続けていた。彼女も，この時代に生きた知識人の一人として，近代科学への信奉，進歩思想への執着，民主主義への信頼といった時代精神[32]は持ち合わせていたが，移りゆく時代の中で，これらがどのような形で具体的に実現されていくか，ということが彼女の第一の関心であったと思われる。そして変わりゆく時代の中で，彼女の心の中には真の自由の実現への強い希求が常に息づいていたと考えられる。しかし，フォレットはそれと同時に，自由放任の時代が終わり，新たな自由すなわ

ち「関係を通じての自由」の時代が到来したことを知っていた。彼女は，人
びとの関係づけられた全体として社会を捉え直し，そこにおける「集合的観
念」「集合的意思」の形成プロセスを検討することを一貫して自らの課題と
したのであった。

　彼女の一生は，このような彼女自身の問題意識の追求の歴史であったと考
えられる。そしてそれは常に彼女をとりまく社会とともに，そして，彼女を
とりまく人びとともにあった。彼女の一生を一言で言うなら，「組織の時代」
の幕明けとともに生まれ，時代の問題を自らひき受けて思想を形成し，自分
が生きることによりその思想を示していった社会思想家にして社会活動家の
歴史である，と表現することができるであろう。

注
1 ）　本章におけるアメリカ史の大略的な流れは，斎藤眞『アメリカ現代史』山川出版社，1976 年，に依っている。
2 ）　Anna Boynton Thompson, *The Unity of Fichtes Doctrine of Knowledge*, Radcliffe College Monographs, No.7, Boston, Ginn and Company,1895.
3 ）　本章におけるフォレットの生涯の著述は，基本的にはフォックス（E. Fox），コーエン（I. Cohen），三戸，榎本らの研究に依っている。
4 ）　Follett, M. P., *The Speaker of the House of Representatives*, Longmans, Green and Co. New York, 1896. Reprinted, Longmans, Green, 1902, 1904,1904,1909.
5 ）　Cohen, A. I., "Mary Paker Follett: Spokesman for Democracy, Philosopher for Social Group Work, 1918-1933," University Microfilms International, Michigan, 1972. (Degree Date : 1971)
6 ）　Follett, M. P., *The New State: Group Organization the Solution of Popular Government*, New York: Longmans, Green and Co., 1918. Reprinted, Longmans, Green, 1920, 1923, 1934. Reprinted, Glocester, Mass.: Peter Smith Publishers Inc., 1965.（以下 *N. S.* と表示。）
7 ）　Follett, *N. S.,* p.15.
8 ）　斎藤眞『アメリカ現代史』，前掲書，30 頁。
9 ）　山崎清『アメリカのビッグビジネス：企業文明の盛衰』日本経済新聞社，1986 年，31 頁。
10）　Taylor, F. W., "A Piece Rate System, being a step toward partial solution of the labor problems," *ASME Trans.*,Vol.16, 1895.
11）　Taylor, F. W., "Shop Management," *Scientific Management*, Harper & Row, Publishers, Inc., 1903.
12）　斎藤眞『アメリカ現代史』，前掲書，48 頁。
13）　Fox, E. M., "The Dynamics of Constructive Change in The Thought of Mary Parker Follett," Columbia University, 1970, pp.33-34.
14）　Follett, *N. S.,* p.3.
15）　この意味で，フォレットはソーシァル・ワークに哲学的基礎を与えた人物であることがコーエンによって評価されている。(Cohen, *Ibid.,* pp.89-137.)

16) この点に関しては本書第3章2において詳しく検討する。
17) Follett, M. P., *Creative Experience*, New York : Longmans, Green and Co., 1924. Reprinted, Longmans, Green, 1930. Reprinted, New York : Peter Smith Publishers Inc., 1951.（以下，*C. E.* と表示。）
18) Allen, F. L., *Only Yesterday—An Informal History of the Nineteen Twenties*, Harper & Row, Publishers, Inc., 1931, Wiley reprinted ed., 1997, p.124.（藤久ミネ訳『オンリーイエスタディ——1920年代・アメリカ——』筑摩書房，1986年，163頁。）
19) 三戸公・榎本世彦『経営学——人と学説——フォレット』同文舘，1986年，79頁。
20) Follett, *C. E.*, p. x.
21) これらについては本書第4章2において詳しく検討する。
22) Cohen, "Mary Paker Follett," *op. cit.*, p.57.
23) "Some Methods of Executive Efficiency" と，"The Illusion of Final Responsibility" であるとされている。(Fox, *Ibid.*, p.209.)
24) "The Illusion of Final Authority" (Fox, *Ibid.*, p.210.)
25) このあたりの事情については三戸・榎本，前掲書，83-84頁に詳しく述べられている。
26) フォレットは「概念」というものを，現実を見るための単なる静態的な構図として見ておらず，行為とのかかわりで常に変化していくものとして捉えている。こうしたフォレットの概念の特徴を踏まえ，筆者自身が「動態的概念枠組（dynamic conceptual scheme）」と定義づけた。フォレット自身は，このように規定していない。（この点に関しては本書第4章2において詳細に検討する。）
27) 斎藤眞『アメリカ現代史』，前掲書，137-139頁。
28) Allen, F. L., *The Big Change—America Transforms Itself, 1900～1950*, New York : Harper & Row Inc., 1952, pp.152-155.（河村厚訳『ザ・ビッグ・チェンジ——アメリカ社会の変貌——1900～1950年』光和堂，1979年，175-178頁。）
29) メトカーフ（Metcalf, H. C.）とアーウィック（Urwick, L.）によれば，フォレットは1926年と28年にイギリスを訪問してラウントリー講演会と全国産業心理学会で講演し，1929年から1933年まではイギリスで暮らし，公けには貢献しなかったが実業家と個人的に会ったり，小グループの討議に出席するなどして，自らの問題に取り組んでいたという。Follett, M. P., edited by Metcalf, H. C. and Urwick, L. H., *Dynamic Administration : The Collected Papers of Mary Parker Follett*, New York : Harper & Row, Publishers, 1941, p.17.（以下 *D. A.* と表示。）
30) *Ibid.*, p.19.
31) Follett, M. P., edited by Urwick, L. H., *Freedom & Co-ordination*——Lectures in Business Organization——, Management Publication Trust Ltd., 1949, p.88.（斎藤守生訳『フォレット経営管理の基礎——自由と調整——』ダイヤモンド社，1963年，167-169頁。）（以下 *F. C.* と表示。）
32) ここでの「近代科学」「進歩思想」「民主主義」は一般論としてではなく，それぞれがフォレット独自のものとして性格づけられて，彼女の思想を形成している。

第 3 章

フォレットの思想的基盤

1．はじめに

　本章の目的は，フォレットの理論を支えている思想的基盤を明らかにすることにある。従来のフォレット理論研究には，フォレットの思想的基盤に言及しているものは数少ないが，その中で比較的多くの紙幅を費してこれを説明しているのが E. フォックス（Fox）の研究である。彼は学位論文において，フォレットの時代について概説し，その中で当時の思想的背景を次のように述べている。

　　哲学的思考における当時の主流の中には，ウィリアム・ジェイムズのプラグマティズムとジョサイア・ロイスの観念論が含まれていた。政治的・社会的思想も，同じく多様であった。ダニエル・ド・レオンのアメリカ版マルクス主義は，労働組合によって管理される社会主義国家ではその地位を放棄するであろう議会と大統領職を，労働者自ら選出することを唱えていた。ジョサイア・ストロングは，世界に市民の自由とキリスト教精神という偉大な思想をもたらしているアメリカのアングロ・サクソンの優越性をほめたたえるマーチを奏でていた。海軍力（制海権）の重要性を示していたアルフレッド・セイヤー・マハン（Alfred Thayer Mahan）は，国際的共同体（community）に対してレッセ・フェールの原則を適用するナショナリズムの教義を展開した。一方，レッセ・フェールは，ハーバート・クローリーが彼の『新しいナショナリズム』の中で提示し，セオドア・ルーズベルトが自らの政策で展開した「政治

的行為は経済的病弊を癒やす手段である」という意見から明らかなように，国内ではすたれてきていた。これはウッドロウ・ウィルソンの唱える『新しい自由』ということであった。それは，彼自身が述べているように，「既成の人々よりもむしろ形成されつつある人々を求める法の体系」ということである。つまり，このことは，自由とは干渉しないことではなく，意味のある行為の機会を与えるということに関係しているということを認識することなのであった。[1]

このように，当時は，哲学的にはプラグマティズムと観念論が同時に存在し，政治・社会思想的には，社会主義（マルクス主義）と資本主義が対峙し，レッセ・フェールとして捉えられてきた自由主義が修正を迫られているという時代精神の移りゆく過渡期として把握できる。フォレットはこうした多様な価値に彩られた時代の問題を自らの課題とし，既成の思想や諸概念を用いながらも，それに縛られることなく自らの思想を創造していった。とはいうものの，今日，彼女の思想を全体として眺めた時，そこには逃れようのないその時代の影響も感じられる。われわれが彼女の理論や諸概念を，その有効性と限界を含めて理解するためには，その基底にあって理論や諸概念を性格づけている時代精神と，それを反映している彼女の思想的基盤を考察しておく必要があると思われる。[2]

フォックスが述べたように，フォレットの「創造的総合の才能」[3]のため，既成の思想や哲学に依拠して思想的基盤を確定することは極めて困難であるが，彼女の著作，論文，講演などを一貫して検討すると，次の三点が共通の基盤として繰り返し現れてくることが理解できる。第一には「プラグマティズム」に依拠した現象の把握・認識の方法，第二に「民主主義」の新たな解釈，とりわけ「全体と個」の関係から捉えた社会過程を基盤に据えた民主主義の理念，第三に「機能」のフォレット的解釈と，これに基づいた新たな「機能主義」である。以下，順を追ってこれらを検討していくことにしよう。

2．フォレット理論とプラグマティズム ―「真理観」を中心として―

アメリカにおいてプラグマティズムという「思想運動」が誕生したのは，19世紀の終わりであった。当時のアメリカは産業革命が激しくなり，大きな社会変動期を迎えていた。ニューイングランドを中心として，イギリス植民地時代以来のピュウリタン的な論理と，新たに台頭してきた産業活動を推進していくために要求される行動様式との間の矛盾は，日増に大きく膨らんできていた。このような情況の下に，アメリカの思想家達は「ピュウリタニズムの世俗化」という課題に取り組まなければならない時期を迎えていた。ここに登場するのがプラグマティズムである。鶴見俊輔は，プラグマティズムの基本的性格を「宗教的な生活信条と技術的な思考様式とのあいだの相克を調整しようとする運動」[4]と指摘している。

このプラグマティズムが生まれる直前のアメリカの思想界は，「スコットランド学派の常識哲学（Comon Sense Philosophy）が普及しておりマコッシュ（J. McCosh 1811-1894）はこの学派最後の人と思われるが，相当に勢力を振るっていた。また，ユニテリアンの立場からアメリカ植民以来，伝統的なピューリタンのきびしい生活心情と信仰に対して，エマーソン（R. Emerson 1803-1882）は自由の空気をはらんだ，むしろ汎神論的な超絶主義運動を展開していた」[5]という。そしてこの常識哲学の衰退と共に台頭してきていたのが，英国と同じように，カント，ヘーゲル等のドイツ観念論であった。後にプラグマティズムの登場に大きな影響を与えることになるものに『思弁哲学雑誌』（Journal of Speculative Philosophy）があるが，この誌上において後に代表的プラグマティストとなるジェイムズ，デューイ，そして「絶対的プラグマティスト」を自称するロイス等が，観念論をめぐって論争を展開していたといわれる。つまり「プラグマティズムは観念論の土壌で育てられた」とも言えるのである。

こうした背景の下に，プラグマティズムは，1898年W. ジェイムズによって明確に提唱されることになる。それは「哲学的概念と実際的結果」と題す

るカルフォルニア大学における講演でのことであった。彼は1878年C.パースによって初めて使われた「プラグマティズム」という言葉に言及し,「この語はギリシア語のプラグマから来ていて,行動を意味し,英語の「実際」（プラクテイス）および「実際的」（プラクテイカル）という語と派生を同じくする。この語がはじめて哲学に導き入れられたのは,1878年チャールズ・パース氏によってであった。……パース氏は,われわれの信念こそほんとうにわれわれの行動を支配するものであることを指摘した後で,次のように述べている。およそ一つの思想の意義を明らかにするには,その思想がいかなる行為を生み出すに適しているかを決定しさえすればよい。その行為こそわれわれにとってはその思想の唯一の意義である」と主張した。[6] この時から1910年に死去するまで,ジェイムズはハーバード大学を中心にプラグマティズムの旗手として大きな活躍をすることになる。当時,ボストンの知識人達は多かれ少なかれ,プラグマティズムの影響を受けていたと考えられる。ジェイムズの死後,この思想運動を受け継いでいくのがデューイである。ジェイムズが心理学,宗教,哲学への関心を示し,この分野でのプラグマティズムの考え方を提示していたのに対し,デューイは,これを踏まえながらもさらに論理学,社会学,政治学の分野へとプラグマティズム運動を拡大した人物といえる。また彼は1894年にシカゴ大学に就職し,ここで自らのプラグマティズム思想を広めていくことにより,後に社会心理学のG. H. ミードを生むシカゴ学派の基礎を築くことになるのである。

　フォレットの思想的基盤は,まさにこうしたアメリカ哲学のこの時期における時代的変遷を反映しているといっても過言ではない。フォックスによれば,彼女が最初に知的世界への門を開かれたのは,1881年から在籍したセイヤー・アカデミーでのことであったという。[7] そこで彼女は生涯を通じての師となる歴史学の教師A. トンプソン女史と出逢う。このトンプソン女史は,前章で述べたように当時のハーバード大学哲学科でW. ジェイムズと並んで影響力のあったJ. ロイスの弟子であった。トンプソン女史はロイスに導かれて,当時は,ドイツ観念論の研究に傾注しており,1895年には,フィヒテに関する研究書を出版している。この影響を受け,フォレットの初

期の著作にもフィヒテ及びロイスの考え方が影響している。[8]

　フォレットはセイヤー・アカデミーでの勉強を終えた後，さらに1888年から，後のラドクリフ・カレッジとなるハーバード大学アネックスにおいてA. B. ハートに政治学を学ぶ。彼の学問的態度は，トンプソン女史とは対照的に，歴史上の諸事実や出来事に注目し，その中で生じた政治プロセスの検証を行うという「実証的」な研究重視の方向に向かっていた。[9] フォレットの処女作である『下院の議長』は，アメリカの歴代の下院議長の業績を，その個人史を追ってまとめあげているという点で，ハートの研究姿勢を忠実に受け継いでいるといえる。

　フォレットは，このようなトンプソン女史とハートの下で学んだ思想・方法を身につけ，さらに当時のボストン周辺の人びととの交流を通じて，当時アメリカで次第に隆盛を極め，時代精神を形成していったプラグマティズムの影響を色濃く受けていくことになる。1918年に発表された『新しい国家』，続く1924年の『創造的経験』には，自らジェイムズの影響があることを明示しており，ロスコウ・パウンドのプラグマティズム的傾向の強い法律学に大きく依拠して論理を展開している。[10] そして後に行われた講演や多くの論文において，このようなプラグマティズムの影響を見ることができるのである。従って，彼女の思想的基盤を述べるにあたっては，プラグマティズムを見逃すことはできない。そこで，われわれは彼女のプラグマティズムを，特にその「真理観」に焦点をあてて検討していきたい。

　プラグマティズムの大きな特色の一つは，その独自の真理観にあるといえよう。ジェイムズはこの点を特に明確に示した人物である。彼はまず真理を「われわれの或る観念の性質であって，観念と『実在』との『一致』を意味する」と定義づける。この限りでは観念論とプラグマティズムとの間に大きな違いはない。しかし，プラグマティズムが観念論と大きく異なるところは，実在と観念とが唯一の絶対的な方法で一致するとは考えないところにある。ジェイムズによれば，プラグマティストは次のような質問をたえず抱いているという。「ひとつの観念ないし信念が真であると認めると，その真であることからわれわれの現実生活においていかなる具体的な差異が生じてくるで

あろうか？ その真理はいかに実現されるであろうか？ 信念が間違っている場合にえられる経験とどのような経験の異りがでてくるであろうか。つづめていえば，経験界の通貨にしてその真理の現金価値はどれだけなのか？」[11] つまりプラグマティズムの「真理」とは，静態的かつ絶対的にそれ自体で存在しているのではなく，「観念に起こってくる」ものであり，経験とのかかわりの中で「真理が自ら真理化していく過程」であるという。[12] プラグマティズムにおいては，実在と観念は「経験」を通じて一致へと向かうのであり，その「動態的プロセス」が極めて重視されるのである。何が真理であるかということを決定する基準は，われわれから離れたところにある絶対的な揺ぎない価値ではなく，われわれの生活の中に存在している。つまり，われわれが生きていく過程において何が善となるか，これが，物事が真理であるか否かということを決定する基準なのである。[13]

フォレットの思想にも，このようなプラグマティズムの真理の考え方が基本的に認められる。特にそれがまず最初に鮮明に表わされているのが『新しい国家』であると思われる。そこで『新しい国家』における彼女自身の記述を追いながら，このことを明らかにしていくことにしたい。彼女は「社会的進歩」について述べたところで次のように言う。

> われわれが逃れねばならないものは，「固定的な物事の地獄」である。人びとの生き生きとした生活というものがある。そしてそれは，あらゆる瞬間にそれ自体を新たなものとしつゝ，われわれの政治と制度を貫いて流れなければならない。われわれは，自分達の社会階級に凝固させられた化石ではない。われわれは，まさに生きているのである。これは，われわれが第一に経験から学ぶべきことである。まさにその言葉は，変化に変化を重ね，成長に成長を遂げるということを意味している。見事に（gloriously）生きるということは，大胆に変化するということである――われわれの理想は日々発展されねばならない。そしてそれは将来の人生が待ちうけている「～になりつつある（becoming）」という教義を恐れずに採り入れる人びとにかかっているのである。すべては成長し

ている。われわれはこのことを認識し，成長への道を開かねばならない。われわれは，自らの精神の源泉を開放しなければならない。われわれは自らの精神的源泉と自らの生活との間にどのようなメカニズムも生じさせてはならない。生命の飛躍（elan vital）は自由に行われなければならないのである。[14]

　つまり，フォレットはわれわれの生活が日々「変化する」ということを極めて重視した。変化すること，成長することによってわれわれはまさに「生きている」ということが可能となるのであり，静止状態の中に何ものも生まれない。フォレットは，こうした「成長」，「変化」を通じて，われわれの生命が生き生きと飛躍することの重要性を訴えた。さらに，われわれの生活を通じて社会も生き生きと変化していく，という意味で「社会的進歩」を捉えていたと考えてよいであろう。そのためには，たとえば社会制度や政治，法律なども固定的なものとして考えたり，その中にわれわれの生活を凝固させてはならない，ということを強く主張したのである。フォレットによれば，社会的制度そのものも，基本的には人びとの日々の生活の中から生まれ，それが一時的に具体化されるが，さらに発展し変化していくものとして捉えられるものである。こうしたフォレットの思想は，次のような彼女の「民主主義」の捉え方にも大きく反映している。

　　民主主義は，目標ではなくプロセスとして理解されねばならない。われわれはいかなる種類の「真理の体系」も必要ではなく，われわれ自身の政治，われわれ自身の制度，われわれ自身の拡張していく真理を形成する力，という意味での「意思する意思（the will to will）」を必要としているのである。われわれは一つの制度から他の制度へと進歩するのではなく，より小さな意思する意思から，より大きな意思する意思へと進歩するのである。
　　われわれは今や，不変の目標など何一つとして存在しないということを知っている。われわれがそれによって，神のように，いかなる瞬間に

も，われわれ自身の目的を創造するであろう方法とプロセスが存在するのみである。そしてそれは役に立つのに十分な程度に具体化され，それから再び流れ出すのである。生活とわれわれの流れ，この流れ，これこそが真理なのである。生活とは，そこここにある望ましい目的(objects)の問題ではない。川は流れ，自らの目的を持って待つ者は，死骸と共に残される。人間はあらゆる瞬間において生活と対等である。しかし人間は生活そのもののために生きねばならないのであって，生活が生み出したもののために生きるのではない。[15]

以上のフォレットの叙述からも理解されるように，彼女は，まさに生活の流れの中から真理が生まれ，またそれ自体も不断に変化していくことに注目していた。「真理」とは，人間の一人ひとりの生活に，つまり経験に根ざし，変わりゆくプロセスであって，一定不変のものではあり得ないというのが，フォレットの基本的なものの見方であったと考えられる。[16] フォレットにとって，「真理とは何か」ということは，抽象的に考えられる「観念」の中に生ずるのではなく，「日々の具体的生活」の一瞬一瞬にあらわれ出るものなのである。このことはフォレットの理論全体を貫ぬいている一本の大きな流れであると思われる。彼女は「国家」「社会」「組織」「管理」などを検討する際にも，概念や思考を組み立てていく前に，まず経験を観察すること，特に日常の生活のレベルでこれを捉えることを主張した。彼女は次のように言う。

　……われわれが自分達の周囲に見る人々の集団として漠然と捉える社会は全く存在しない。私は常に（抽象的な）「社会」に対してではなく，ある具体的な集団に対して関係を持つことにより存在しているのである。実際に，われわれが「社会」というものを考えるのはどのような時であろうか。われわれは，自分達の重役会や教授会，昨夜のパーティー，フットボール・ティーム，クラブ，政党，労働組合，教会における自分の役割を考えるのではないだろうか。実際「社会」はわれわれ全てに

とって，無数の集団なのである。[17]　（傍点は引用者）

　フォレットは，こうして，われわれの日常の集団を通じての——関係することを通じての——具体的状況の中に，「社会」の真の姿があらわれ出ると考えた。そして，このことを，ウィリアム・ジェイムズの考え方に依拠して次のように述べている。

　　ジェイムズは，人間は経験の複合体であって，各自のなかに多くの自己が存在するという真理を一般的な認識へと導いた。従って，集団の複合体としての社会は，多くの社会的精神（social minds）を包含しているといえよう。……われわれが注目しているものは，集団に対するある人の精神的な関係である。世界に対する個人の力強い（vital）関係は，自らの集団を通じてもたらされる。従って集団はわれわれの生活を形成する際の有力な要因なのである。[18]

　このことから理解されるように，フォレットは，人間にとって，より具体的な経験を展開する場として「集団（groups）」というものに着目し，ここには社会的精神が宿っていることを主張した。自ら属する集団の中で，人びとは自らの役割を果たすことを通じてそれぞれの価値基準を形成し，それを具体的な活動の中に反映させていく。人びとの価値は集団活動によって，互いに織り合わされ，浸透し合い，一つの共同的価値観が作り上げられ，集団の「自己」とでも呼びうるものが生ずるのである。個人が多くの「自己」の集まりであるように，社会もまた多くの集団的自己，あるいは社会的精神の集まりであり，それぞれの社会的精神のうちに，「真の国家」や「真の社会」というものが「あらわれ出る」というのがフォレットの主張である。このような考え方の中に，フォレットのプラグマティズムに根ざした真理観を見てとることができよう。

　すなわち，フォレットにとっての真理とは，具体的体験，具体的生活の中に存在するものであり，絶対的かつ唯一のものではなくて，多様で相対的な

ものであり,常に変わりゆくものである。日常の生活,とくに集団的生活を通じて,われわれは,「真理」を生み出し,われわれの経験を発展させつつ「真理」を追求する,いわば,「真理化」のプロセスをたどりつゝ生きていくと言ってもよい。フォレットは,集団での具体的生活を通じ,国家というものの真の姿を,そして社会というものの真理(真理化)を探り,これを自ら生きようとした。そしてこの点においてまさにプラグマティストだったと言える。彼女自身,プラグマティズムを評して次のように述べている。

> ……ジェイムズの,理想主義者に対する根深い敵意は,絶対的なものは存在しており,いつも存在してきており,常に存在するであろうという理想主義者の主張のためである。プラグマティズムの貢献は,われわれが絶対的なものを生み出さねばならないということである。あなたがたは酔い続けている,とジェイムズは叫ぶ。絶対的なものは,あなたがたがそれを実現する(make it real)限り,そして,あなたがたが,現実に,すべての可能性を具体的な形としてもたらす限り,現実となるのである。同様に,われわれは,自ら国家を創り出すまで国家を持ってはいないのである。われわれは,哲学者がするように,あらゆる種類の物事を「仮定する」(「道徳的秩序の有機的現実性」などと言うように)必要はない。われわれはそれを「生き」ねばならないのである。われわれがもし道徳的全体を形成しうるなら,その時に,われわれはそれが存在するか否かを知るであろう。……われわれは,国家のあらゆる可能性のイメージを刻印され,永遠に国家を形成し続けなければならない。われわれは,宗教上の新たな哲学の学派と同様に,政治学におけるプラグマティストなのである。………神がわれわれを通してのみ現れるように,国家も,政治的な人間を通して目に見えるものとなるのである。[19)](傍点は引用者)

以上,考察してきたように,フォレットは,哲学的に「真理」を追求したり,抽象的概念のレベルのみで思想を展開していたのではない。人びとの

集団における活動を通じ，それぞれの具体的行為の中に真理が生じる，むしろ，行為を通じて真理を真理たらしめていくことを主張したと言えるであろう。さらに，フォレット自身も自ら行動を行いつゝ，その経験を観察し体系づけ，社会プロセスの一般理論を構築すべく思索活動を展開したと見ることができる。こうしたフォレットの姿勢は，ジェイムズが指摘した「プラグマティストは事実と具体的に執着し，真理を特殊な場合におけるそのはたらきに着目して観察し，そして一般化していく。真理は，彼にとって，経験内におけるあらゆる種類のはっきりした作用価値をあらわす一個の普通名詞となる」というプラグマティストの基本的態度と一致するものである。つまり社会の中に生き，日々の生活のレベルにおいて，具体的行動の中に真理を探求するプラグマティスト，それがフォレットの姿だったと捉えてもよいであろう。

次に，われわれは，フォレットが民主主義というものをプラグマティストとしてどのように把握していたのかを見ていくことにしよう。ここでは特に，ジェイムズの「一と多」という考え方が大きく反映されていると考えられる。また，これとあわせて彼女の問題意識の根本を支えている「全体と個」という問題が，民主主義の中心問題として展開されることになる。次節では，これらを検討していきたい。

3．全体と個 ——多様性の統一としての民主主義——

(1) 個人とは何か

「あなたの相異を示せ，私の相違を歓迎せよ，あらゆる相違をより大きな全体に一体化せよ——それが成長の法則である。相違の一体化は，生の永遠のプロセス，つまり，創造的総合，創造という最高の行為，償い，なのである。」[20]

この言葉の中には，フォレットの思想の最も基本的な部分を形成している「全体と個」の考え方が極めて象徴的に表現されている。彼女は自らの問題

意識の根底にある「真の民主主義」について考える時，政治的・制度的な考察の根本にある「全体と個」の問題，あるいは「多と一」の問題を語り，こうした哲学的な思索のうちに「民主主義の原理」を求めようとする。「全体と個」の問題は彼女のあらゆる仕事のなかに一貫して流れるテーマとなっていたといえる。ここでは，彼女の「全体と個」の問題について検討していくことにする。

彼女にとって，個人と社会とは切り離して考えられるものではなかった。彼女は個人と社会との関係を次のように表現する。「人は社会過程における一つの単位（a unit）というより，むしろ一つの点（a point）である。そこでは，形成する力が自らを解放し，再び前へと流れ出すのである。現代の言葉では，人は社会的要素（a factor）と同時に社会的産物（a product）なのである」と。つまり，個人は社会に対してのみ反作用しているように見えても，実際には社会と個人は永遠に相互作用を続け，互いに形成されていくものであり，このプロセスに注目すべきであるとフォレットは主張している。[21]

それでは，このプロセスの中で人間の「個性」とは何であり，どのように発揮されていくものなのであろうか。フォレットは個性を「個別性」（apartness）や，「相違」（difference）のみを表わすとは考えていない。彼女によれば，真の個性とは「全体に対するその人の関係」によって決められるものであるという。つまり個性の尺度は，個人が他の個人と，そして社会全体と結合する能力——関係の深さと幅——により決定されるという。もちろん個々の人間には，個別性や他の人びとと相違する側面が紛れもなく存在しており，フォレットもこれを否定してはいない。人びとが関係するためには，当然互いの間の相違を認める必要がある。しかしこの場合の相違は絶対的，かつ静態的な相違ではない。これもまた人びとの相互作用のプロセスに包含され，動態的に変化しうるものなのである。すなわち，個別性や相違は人々の相互作用のプロセス（＝社会過程のプロセス）を通じて変化し，結合させられる。フォレットにとって，関係を生み出すことのない相違や個別性は，「個性」という名に値しないものでと考えられていた。このような個の考え方は，「関係的個」と呼んでもよいかもしれない。

このような「個性」を発揮していくにあたって，フォレットが問題とするのは，「全体における自分の場所（place）を見出すこと」である。この場所は，時間と空間の中で位置づけられる静態的な点ではない。また，機械の歯車のような固定的なものでもなくて，「無限の関係，無限に変化する関係の問題であり，それは，決して捉えられない」ものであるという。つまり，この「場所」というのは，個と全体との相互作用のプロセスのなかでの，自分＝個の全体に対する「役割」と考えてもよいのではないかと思う。この「役割」は静態的なものではなく，常に変化しうる動態的なものと考えられ，このことから，「機能」[22] あるいは「活動」としても理解できよう。

つまり，人間が社会過程の中で生活していくにあたって，「個性」を発揮するということは，全体の中での自らの機能（＝活動）を発見し，これを行っていくプロセスを通じてあらわれていくと考えられる。フォレットは個人を完全な存在として捉えてはいないが，人間は「完全に近づくことを常に欲している存在」であるという。そしてその動機を満たす道が，自らの機能を果たすことであると考えている。「専有ではなく貢献が成長の法則である。」という彼女の言葉の中には，この考え方がよく表われている。個人が自らの機能と潜在能力を解放し，全体へとこの力を調整していくなかで，個人の個性が発揮されかつ個人的成長と全体の発展が実現されうる，というのがフォレットの主張である。

また，フォレットにとって「全体の中で個性を発揮すること」は同時に，「個の中に全体を反映させること」でもある。先述のように，個人は確かに完全な存在ではなく，全体の中でのある機能（役割）を果たすにすぎない存在である。しかし，機能は互いに関係づけられて統一的な全体を形成していくものであり，その関係づけのあり方はいくつも存在する。従って，個人はそれ自身社会の全体を反映していると言ってもよい。個人とは，全体の単なる分割ではなく，あくまでも全体と関係づけられた機能を果たす主体であり，その機能はまたそれ自体全体性を持っているのである。つまり，個人は「一つの点における全体」（the whole at one point）なのである。このことについてフォレットは次のように表現している。

これは具現化（incarnation）である。というのは，全体は私の中に流れ込み，吹き込み，私を満たしている。私の生の充実感や大きさは，私がなすことの量や会う人々の数によって測られるのではなく，私を通じて全体がどの程度まで表現されるかによって測られるのである。……社会に対する私の価値は，私がいかに価値ある一部分であるかということではない。私は他の誰とも異なっているからユニークなのではなく，特定の観点（a special point of view）から見られた全体を現わしているからユニークなのである。[23]（傍点は引用者）

(2) 自由とは何か

このように「関係性の中での個」を想定した場合，「自由な人間」とはどのようなことを意味するのであろうか。ここで，彼女の自由論について考察を進めていきたい。すでに見てきたように，フォレットは「個人と社会を切り離すことはできない」という立場に立っている。従って，自由もまた，全体の中に生き，全体を反映する個人の問題として語られることになる。

従来，自由とは，ともすれば社会の外に求められるものであった。つまり，社会的秩序や階層，集団，組織から離れたところでの個人，ひとりきりの個人の自己中心的な衝動と同議のものとして捉えられることが多かった。[24] こうした自由を「モナド的個人」[25] の観点に基づく自由主義とすれば，フォレットの主張する自由はこれと対極の位置にある。彼女によれば自由の本質は関連性を欠いた自発性ではなく，関係の充実であるとされる。他の人びととの相互作用は個人の自由を束縛するのではなく，むしろ各自の能力を見出し，これを発展させることを可能にする。

人びとの共同的な全体である社会においては，個人は他の人々と相互作用することを通じて集合的観念（the collective idea）と集合的意思（the collective will）[26] を創造していく。こうした相互作用が展開されていくプロセスをフォレットは社会過程として捉えていくが，自由とはこうした集合的観念と集合的意思の形成プロセスに大きく関連している。この点に関連してフォレットは次のように述べている。

私は次の2つの理由によって自由である。(1) 私が全体であるために全体によって支配されることはない。(2) 私が他の人々をあるいは他の人々が私を統制せず，全ての人々が集合的観念と集合的意思を生み出すために混ざり合う時にのみ，われわれは真の社会過程を有しているので，私は他の人々によって支配されない。[27]

つまり，全体を反映している個が互いに相互浸透し，集合的観念と集合的意思を創造していく限りにおいて，個人は他の人びとの自由を束縛することもなく，また，他の人びとから支配されることもない。ここにおいて個人の自由が確立されるとフォレットは考えた。このことを前述の「機能」とのかかわりで考えれば，個人は全体に関係づけられ，しかも独自の性格を有する機能を遂行することにより，他の人びとと相互作用して新たな集合的観念や集合的意思を創造しうる時，すなわち，新たな価値を生み出す時，自由な存在となりうる。こうした自由を獲得しうる限り，個人は自ら創造的に発展しうる主体となる。そしてそれと同時に社会全体も創造的な自己統一主体として発展することが可能となる，というのがフォレットの主張の意味するところであると考えられる。[28] そしてこのことは後に述べる彼女の組織観・管理観にも反映されている。

フォレットによれば，自由とは人間の本性である。しかし，人間の本性は同時に全体の本性とも言える訳であり，人間は社会に一体化していく時に自らの本性である自由を実現しうることになる。従って，彼女は個人が積極的に社会と関わること，それによって自ら自由を勝ち取ることを主張している。[29] そしてここに真の民主主義の実現の道が開かれていると彼女は考えたのである。このように自由や民主主義を捉えるとすれば，次に，「全体と個」の関係から社会とはどのように理解できるのかを検討しておこう。

先に見てきたように，フォレットは個人を原子論的存在とは考えていない。従って，社会もまた，そのような原子論的個人の単なる総和ではありえない。彼女は社会を一つの有機体として捉えることを——その短所は十分に認識しつゝ——認識の有効な手段として注目する。それは有機体——具体的

には生物など——が各要素の相互作用から一つの統一体を形成しており、しかもその統一体は部分、あるいは部分の総和とは異なる性格を有し、自ら発展しうるものだからである。[30] 社会もまた有機体と同じように、個人や多くの共同体や組織から成り立ち、それが相互作用を行って、統一的全体を形成する「自己創造的」なものであるとフォレットは認識していたと考えられる。特に、こうした有機的全体の特色を明確に表現するために、彼女は、社会を個人の精神（psychic）の相互浸透の過程であり、「精神的エネルギーの集合」であると捉えた。従って、彼女は自らの概念的基礎として心理的相互作用の理論を重視することになる。[31]

しかしそれと同時に、彼女はまた、社会を有機体的に捉えることの限界にも気づいていた。その第一の点は、社会的過程は精神的過程として捉えられるために、時間・空間の制限から解放されているということである。また、第二の点は、有機体の部分つまり細胞は、それぞれが唯一の機能を持つが、個人は種々様々な機能を持ち、多くの集団に属しうるという点である。さらに第三の点は、自然の有機体の細胞にとっては不可能なやり方で、社会におけるすべての個人は完全に全体を表現しうるということである。[32]

このことから、有機体とのアナロジーで社会を捉えることを、「全体性の特質を説明する」という点からは有効であるとしながら、「個の特質及び個と全体との関係を認識する」上では不十分であるとフォレットは指摘した。それに加えて彼女は、有機的全体と部分の総和とは異なる何かと捉えることは認めても、部分の総和以上（より優れたもの）と見ることには悪しき全体主義に至る危険性を感じてもいたのである。ここに、単なる社会有機体論とは異なるフォレットのユニークさがあると筆者には思われる。

さて、このように把握できる社会に自ら積極的に関わることが自由への道であり、それによって民主主義の実現が可能である、とフォレットは考えた訳であるが、具体的に「個人が社会に関わる」、つまり全体と個が相互作用を行うとはどのようなことであろうか。彼女は、現代を様々な共同体が存在する社会であり、この点で以前の群集（crowd）の社会とは異なるものと考えていた。[33] そこで、現代社会と個人が関わるということは、個人が組織

（group organization）に属して自らの機能を遂行していくことであると考えた。彼女の研究対象である集団としての組織は，著書『新しい国家』の段階では「地域共同体（neighborhood organization）」であったが，後期の著作および講演では，企業をはじめ多くの組織（協働システム）[34]へと視点を移していく。

(3)「全体と個」の問題

われわれは次に，彼女の著作の中に，この「全体と個」問題が具体的にどのような形で表現されているかを見なければならない。まず『新しい国家』においては，「地域近隣集団」への参加を通じて個人が全体として統一され，いわば下からの民主主義[35]が実現される可能性が描かれている。ここでは「全体と個」の問題は「多と一」すなわち「多様性の統一」という形で語られている。

ここでフォレットが重視するのは，われわれが社会生活を送る上で，社会階層の同じ人びととのみ交際することではなく，まず自分の住む地域の近隣の人びとと互いに同じ問題について語り合い，相互浸透を深めるということの必要性である。近隣の人びとは職業も年令も人種も様々であり，価値規範の異なった人びとが混ざり合っている。人間は均一的な人びととのみ交わることの中に一種の心地良さを感じ，そこに安住してしまう性向を持つが，ここには人間的成長は生まれないとフォレットは考えた。先に述べたように，人間はそれ自体で全体性を有し，社会の中で独自の機能を受け持つ存在である。その「価値の相違」こそが民主主義の根本にあるとフォレットは主張する。[36]つまり，多様な考えを持ち，様々な機能を担う人びとが，互いに同じ現実の問題を見つめ，討論し合うところに真の統一的全体が生まれ，新たな集合的観念や意思が生まれ，社会問題の解決をもたらすような新たな価値が生ずるのである。[37]

(4) 社会のダイナミズム

もちろん，多様性が高ければ高い程，容易に統一性がもたらされるとは限

らない。そこには対立や葛藤が生まれてくる可能性が絶えず含まれている。そこで対立する利害を調整する機能が働かなければ，多様性は統一されないまゝ残ることになる。つまり個人の利害が常に対立し合う社会となり，ここには全体と個のどちらの発展もない。こうした利害の調整は，レッセ・フェールに基づく自由主義の考え方に従えば，「予定調和的」に解決されていくものであった。しかし，フォレットはそのような考えに反対し，近隣集団の参加者の「自覚的な責任」と「自己管理」がまず必要とされること，そして同時に，リーダーシップが必要であることを主張した。

　従来の民主主義は，全体主義に結びつくような強大なリーダーシップの出現を必ずしも歓迎するものではなかった。しかし，フォレットは組織的な社会という現実のなかで，個人の意思が全体に統一される時，個人の能力を最大限に生かし得るためにこそリーダーは必要であり，調整機能としての「管理」に注目すべきことを『新しい国家』のなかですでに述べている。[38] 近隣集団は同時に無数存在し，集団が互いに相互作用することによってより大きな全体へ，そして最終的には国家へと統合されていく。

　フォレットは，こうした自然発生的な近隣集団とともに，今日の社会に特有なものとしての職業集団——労働組合，企業など——の果たす機能にも着目し，これらの集団が国家と対立するのではなく，すべてが国家という全体を反映しつゝ，全体としての統合的国家を形成していくことを強調した。[39] このように，フォレットが『新しい国家』において描こうとしたのは，目指すべき理念としての民主主義ではなく，個人がある集団に属し，その集団が全体としての国家へと統合されていく過程において，具体的な生活の場面のいたるところに民主主義があらわれ出るということであった。そしてその基礎にあるのは，人びとの心理的な相互作用であると考えた。その後1924年に公にされた『創造的経験』では，こうした心理的相互作用の過程が詳細に検討されることになる。

　彼女は『創造的経験』の冒頭で次のように述べている。

　　本書の目的は，われわれが，それにより様々の願望を絡み合わせる道を

追求すること，われわれが，それにより個人の完全なる本来の姿が社会の進歩と一体化するようになる方法を追求すること，われわれの日々の経験が，われわれのためにより大なる，まさにより大なる精神的価値を生み出すように試みることを示すことにある。[40]

　ここで彼女が新たな視点として登場させるのは，「社会過程とは，協働する経験の過程である」という見方である。つまり，『新しい国家』で「精神の過程」として捉えられた社会過程を「経験の過程」として捉え直している点が興味深い。ここに含意されているのは，人びとの相互作用，統合の過程を心理学的側面からより具体的に描き，かつ，そこに不可避的に生ずる対立の克服の可能性を見出だそうとするフォレットの信念であったと思われる。彼女は，こうした「経験」というレベルでこそ，現実的に「全体と個」の問題があらわれ，そして克服されていく道が見出せると考えたのではないか。
　ここで，彼女は経験を「円環的反応（circular response）」「統合的行動（integrative behavior）」「ゲシュタルト概念（the gestalt concept）」という三つの側面から明らかにしようと試みる。先に見てきたようにフォレットは個人間の関係，あるいは個人と社会との関係ということを重視していたが，ここではこれらの関係をより詳細に検討しようとしている。
　円環的反応は，個人と個人，そして個人と全体との相互作用のプロセスを描くためのフォレットの基本的考え方である。個人Aが個人Bに対して働きかけ，BがAに反作用し，それに対してAが作用する時，Aは単にBの行為に反応しているのみならず，自分が最初に行った行為によって既に影響づけられたBの行為に反応していることになる，こうして二者の相互作用は互いの単独の行為が次第に関係づけられ，継続的に累積されて「全体状況」を形成していき，個々人はその全体状況に対しても相互作用していくというものである。フォレットの相互作用論の特質は，特にこの「全体状況への注目」という点にある。というのは，この全体状況こそが，全体と個が同時に存在する場であるためである。ここでいう全体状況は，単に空間的な一定の場所ではなく，時間・空間が交差し，しかも継続していく過程でもある。

(5) 個から全体への創出プロセス

　ここにはまた，主体・客体の区別もない。つまり，Aが̇Bに̇反応するというような「刺激－反応」のパターンは，ある一瞬の出来事の記述にすぎず，具体的な物事というのは，現実の世界では常に「継続した流れ」として動いている。フォレットによれば，個人は何かに反応しているように見えるが，実際には全体状況のみが存在し，その中での個人の行為は状況を変えていく一つの契̇機̇となっているにすぎないという。[41)] 個人間の相互作用とは，従って，全̇体̇状̇況̇の̇自̇己̇創̇造̇的̇過̇程̇であるというのがフォレットの相互作用論の特徴である。ここでの個の行為は，すでに全体によって変化させられているという点では客体的であり，またその次の全体状況を変えていくという意味では主体的である。従って，相互作用過程にある一瞬の個人行為をとり出してみても，そこには主体と客体の二つの側面が同時に表現されているといえる。またそれと同時に，その行為は，全体状況を反映しつゝ，個の意思に基づいているという点で，「全体と個」が同時に存在しているといえる。

　このようにフォレットは『創造的経験』の中で，個人の相互作用の動態的過程を考察し，そのことにより全体状況（社会）が創造されていく過程を示した。さらに，彼女は政治学の観点から捉えられた制度としての「法律体系」も，こうした心理的相互作用の観点から再度捉え直し，法律の動態的側面を重視する必要があることを主張している。[42)]

　このように，『新しい国家』と『創造的経験』という二つの書物を通じて示された「全体と個」に関するフォレットの基本的な思想は，後に，主として企業を対象に行われた多くの講演において，応用的な展開を見せることになる。例えば，「機能的統一体」あるいは「統合的単位体」としての企業組織の把握，円環的反応として捉えられる命令の授与，機能に基づくプロセスとして把握される権限概念，「状況の法則」として捉えられる管理過程などが挙げられるが，これらについては別の章で検討したい。

　こうしてフォレットは，一生を通じて「全体と個」の問題，「新たな個人主義」の姿をいろいろな形で述べていったが，1932年の彼女の最後の論文となった「計画された社会における個人主義」[43)]には，彼女の思想的立場が

極めて象徴的に表わされている。ここで彼女は,「自由放任主義」ではなく,「調整された社会」こそ,現在望まれる社会であること,そして,何ものかによる調整ではなく,統合的過程を通じて自己調整された社会の建設のために,国家計画が必要であることを声高く強調している。

さて,最後に,このような「全体と個」に関するフォレットの思想的特質が,当時の思想的状況の下でどのような意味を持っていたかをJ. デューイの個人主義との対比で考察しておきたい。デューイは1930年に発表した「新旧個人主義」において,今世紀アメリカの産業の発達と,それに伴う法人組織の発展の中で,旧来の個人主義(原子論的な個の尊重)は個人の内面において喪失し,社会は外面的に集団化しているにすぎず,そのために極めて不安定な状態にあることを指摘した。彼は,もはや個人が「知的真空状態」の中にとどまることは不可能であるとし,個人が積極的に相互作用する社会のあり方を示した。彼の提示した相互作用は,「相互作用しあう諸要素の能力と意味を増大し,拡張し,深化するような参加と分ちあいのギヴ・アンド・テイクをふくむ」[44] ものであり,個人の画一性を前提とするものではありえなかった。彼はまた,このような相互作用から成り立つ社会を,固定化した制度と化した「化石のような」社会と対比して,「有機体のように,おたがいに交換しあってそれぞれが生きている多数の細胞の協力的統一体」[45] と表現した。そして,このような社会において,新たな個人主義——個人個人が関係し合うことから生まれる個人主義——の形態が生まれなければならないと強く主張したのである。

このようなデューイの個人主義に関する問題意識には,フォレットとの共通点が多く見られる。デューイは,まだこの時点では,「新しい個人主義の形がどのようなものであるか見出していない」と述べている。フォレットは,デューイによってこうした指摘がなされる10年以上以前に,すでに『新しい国家』においてこの問題と取り組み,自らの視点から,「新しい個人主義」の形を表現することに成功していたのではないかと筆者には思われる。その意味では,今世紀初頭のアメリカの産業化の中に起こり,高まりつゝあった「全体と個」の新たなる関係を極めて早い時期に認知し,これを自らの思想

的基盤に据えた人物としてフォレットを評価することができるであろう。

4．フォレット理論における機能主義——その意味と意義——

　前節でもすでに触れたように，フォレット理論には随所に「機能」(function)という言葉が現われてくる。「機能的統一体」「機能に基づく権威」「機能の交織としての組織」というようにこの言葉は使用されているが，彼女は「機能」という言葉に単一的な意味ではなく，多くの意味を込めて使っているように思う。ここでは，このようなフォレットの「機能」概念を検討し，フォレットの思想的基盤の大きな要素となっている「機能主義」の意味と意義を探っていくことにしよう。

　「機能」という概念は，社会科学の歴史の中で多くの意味に用いられてきており，その結果，多くの人びとの内にプラス・イメージ，あるいはマイナス・イメージを起こさせるものとなっている。そこで，ここでは「機能」概念のたどってきた歴史的展開を簡単に考察し，それを踏まえてフォレットの機能概念の特色を探り出すことから論を進めていきたい。

　「機能」あるいは「機能主義」という時，われわれはまずパーソンズ等の「構造−機能主義」における機能を想起する。これを「社会学的機能主義」という名の下に表現することが多いが，こうした意味での機能主義が現れる以前に，すでに機能主義という考え方そのものは存在しており，この二つの「機能主義」の意味は大きく異なる。それを明確に示したのは社会学者の新明正道である。

　新明は著書『社会学的機能主義』において，19世紀末から20世紀初頭（1920〜30年代），ヨーロッパからアメリカにかけて広まった思想運動としての機能主義に注目し，これを「本源的機能主義」と名付けている。この特徴は「名辞と実態に対して関係と活動を，内在的特質に対して発生と発展を，継続的形成に対して変形を，静的組織に対して動的型象（パターン）を，不変的要素からなる形式的構成物に対して，闘争と統合の過程を強調するこ

と，一言をもってすると，科学的説明と解釈の主要な手段として構造から機能へ推移すること」であるという。[46] このような機能主義はあらゆる学問分野に波及し，社会学では，ジンメル，フォン・ウィーゼ，スモール，ロスなどがこの立場の代表的な社会学者であるとされている。[47] この本源的機能主義の最大の特徴は，「機能」を「活動」そのものと捉えていることであり，この観点から，社会は動態的な人間結合の過程として捉えられることになる。

この「本源的機能主義」は，1920年代をピークとして次第に勢いを弱め，1930年代の終わり頃から，パーソンズ等によって代表される「社会学的機能主義」にとってかわられることになる。この二つの機能主義を極めて早い時期に理解したのはデュルケームであると新明は指摘する。デュルケームは『社会的分業論』の中で，機能の意味を次のように説明している。「機能という言葉は二つの異った意味に用いられている。それはある場合には，生命的運動の全部をその結果を度外視して意味し，またある場合には，この運動と有機体のなんらかの欲求との間に存在する対応関係を説明している」。[48] つまり，機能は「生命的運動そのもの」と「有機体の欲求と運動との対応関係」という二つの意味から捉えられるものであるとされている。デュルケーム自身は分業の「機能」の意味を後者に捉えており，機能分析を重視していく。

このデュルケームの機能分析は，その後，マリノウスキー，ラドクリフ・ブラウンの人類学的機能主義[49]を経て，やがて「社会学的機能主義」へと結実する。パーソンズに代表されるこの社会学的機能主義の特質は，次の二点に要約される。第一には，社会を社会体系（システム）として把握し，これを社会を考察する際の前提的枠組として見ていること。第二には，この体系に基づいて全体の部分をなす構造その他の要素を分析し，さらに，これらが全体である体系との関連で，いかなる客観的結果をもたらすかを明らかにすること。つまり「社会体系（システム）」の認識と「機能分析」が社会学的機能主義の中心となっていると言える。[50]

さらに，ここで特筆すべきことは，この立場においては機能が――20世

紀初頭の「機能」の意味に見られたような——「社会のなかの存在的な構成要素をなす活動や過程の意味を失なって，社会のなかの諸々の構成要素の間，とりわけこれらの諸々の構成要素と全体としての社会との間の関連を説明する，特殊な推論的図式を意味するものとなっていること」[51]（傍点は引用者）である。すなわち，社会学的機能主義においては，機能が社会の実質的内容とはかかわりのない，一般的な方法論として捉えられているのである。[52] そしてこのことの結果，社会の過程的側面よりもむしろ構造的側面，つまり静態的側面が強調されるようになっているとされ，新明はこの点を社会学的機能主義の大きな問題の一つであると指摘している。[53]

しかし，こうして機能的分析を方法論として一定に評価した場合でも，さらに大きな問題が生ずる。それは機能的分析が，全体と諸要素との間の「因果分析」あるいはそれと関連して，目的論的な性格を持つようになったことである。すなわち，機能的分析は，ある活動の合目的性を問う，あるいは一原因に対する結果という不変関係を確定することに終始するようになったことが大きな問題となるのである。後年，このことに鋭い疑問を提示したのが，N. ルーマン（Niklas Luhmann）であると筆者は考える。彼は"Funktion und Kausaritat"の中で次のように述べている。

　社会科学は，論理的に数学的な機能概念とははっきり異なって，機能的関係を例外なく一種の作用として規定し，それでもってその関係を因果論的方法に従属させている。このことはしばしば目的論的概念を直接に使用する場合に現れる。その場合，作用の特殊な性質が目的とみられ，機能は合目的的な働きとみなされる。それにもかかわらず，かかる説明は，その目的概念をさらにくわしく説明しようとする際，困難に陥る。確かにただ示され計画された目的だけが考えられうるにすぎないということではない。というのは社会科学のもっとも重要な問題は，行為のまさに思わざる結果にあるからだ。だがその他に目的とは何であり，またそれはどのように行為の他の結果にたいして規定させるのだろうか。[54]

こうした問題に対して，ルーマンは一つの答えを機能の「等価性」に求めている。彼は，「一定の原因と一定の結果との間の法則的な，あるいは多かれ少なかれ見せ掛けの関係が問題となるのではなく，問題になっている結果の観点のもとで，より可能性のたかい原因の機能的等価を確定することが大切なのである（強調点はルーマン）」と述べており，これは機能主義を因果論的方法から分離する手掛りとなるとしている。[55] 彼によれば，機能は，原因となるべき作用ではなく，むしろ等価の諸作用の比較範囲を確定する「規則的意味図式」であるとされる。

それでは，このような等価機能的方法は因果的機能主義と異なり，どのような意味を持つのであろうか。まず第一に，問題解決の観点から見て，同等の結果をもたらすいくつかの行為を比較し，その中で特定の行為の意味を探ることができる。第二に，そのことから新たな問題解決の方法を発見できるということ。第三に，原因―結果という固定的な関係の中に一つの行為を確定してしまうのではなく，行為に自由な意味をもたらしうること，またそのことは，人間の行為を決定論ではなく自由論と結びつけることができるとルーマンは指摘している。[56]

以上のように「機能主義」の歴史的展開過程と問題状況を捉えた上で，次にフォレットの機能主義について考察していくことにしよう。

フォレットは，上記の「本源的機能主義」の時代に生きた。事実，彼女の理論は全体として社会の動的プロセスや活動を重んじるという意味では，機能を活動そのものと捉える「本源的機能主義」の特徴を余すところなく持ち合わせているといえる。従って，彼女の機能主義は「機能＝活動（activity）」として捉え，その観点から社会を動態的に説明しようとするものであると言ってよいであろう。しかし，それのみでは把握しきれない特質をも有している。

フォレットは『創造的経験』において，社会現象を捉える際に「円環的反応」に注目することが必要であるとしているが，この円環的反応は，個人の行動と環境との機能的な関係（あるいは関数的な関係）[57] と呼べるものであるとしている。彼女はここで，個人と環境がそれぞれと相互作用するのみな

らず，それらの作り出した関係そのものとも相互作用して，「全体状況」を形成していくことを指摘している。そして，その全体状況は絶え間なく展開していくプロセスである。彼女は，こうした全体状況と個人とが応答し合うこともまた「機能的関係」と捉えたのである。

彼女は，このように「機能的関係」を捉えることが，社会状況を把握するために最も重要であるとする。そして，そのためには次のような三つの基本原理を知っておく必要があると言う。第一には，個人の応答は，固定的で静止した環境に対するものはなく，変化する環境に対するものであるということ。第二には，（個人の応答は）環境と個人との間の活動の為に変化している環境に対するものであるということ。そして第三は機能的関係は，それ自体によって絶え間なく修正されうる，ということである。フォレットは，こうしたプロセスの中から常に新たな価値が生まれ，予期されざる状況が生まれうることを指摘し，社会科学はこうした状況を考慮に入れることを学ばねばならないとしている。[58]

このような状況を踏まえた上で，彼女はさらに，社会的状況を形成している行動は，因果関係では決して捉えられないことを指摘している。[59] 彼女は，社会状況を行動の因果的連鎖として捉えるのではなく，「全体的行動」ないし「統合的行動」と捉えることの必要性を訴える。社会とはいろいろな行動が様々なあり方で結びついている全体として捉えられるところであって，考えられうる行動のすべての総体に着目することをフォレットは主張したのである。[60]

以上のように，展開する全体状況として把握される社会的状況においては，目的と手段を単純に明確化していくことは不可能である。目的は，ある面から見れば手段であり，逆に手段が目的となっている場合もありうる。われわれは，常に目的を形成しつゝ，これを達成しようとして行為を行っているともいえるのである。従って「機能的関係」というのも，目的達成への手段としてのみではなく，目的そのものを形成し，これを認識して次の行為に結びつけていく上でも重要なものとなるのである。

このように機能というものを，社会現象を説明する方法上のキーコンセプ

トとしながら，それと同時に，自ら社会に生きる者として，周囲の状況への関わり方を示すという点からも捉えようとしていたところにフォレットの大きな特徴がある。それが大きくあらわれているのが「サーヴィス（奉仕）」という考え方との比較で機能を捉えているところである。[61]

フォレットは，かつて社会を支えてきたサーヴィス（奉仕）という考え方に変わるものとして「機能」というものを提示している。そして，現代社会においては社会への「機能」的かかわりこそが大切であり「奉仕」の上にある概念として高く評価する。なぜならば，奉仕とは，社会全体の目的のために「個人を手段として用い犠牲にしていく」という考え方を含んでいるのに対し，機能は，「全体と個がそれぞれ自律しつゝ，互いに関係し合う」というかかわり方を示しているからであるという。ここにも，前節で考察した「全体と個」の考え方が強くあらわれていると言える。すなわち，個は，その点から捉えた全体のあらわれであり，全体には個が反映されているという捉え方である。個人の社会への機能的かかわり方とは，このような意味で，個と全体が互いに自由を保ちつゝ互いを反映し合うという，いわば相互に自立的かつ主体的なかかわり方であることをフォレットは主張していると理解できる。

さて，このような「機能的関係」という考え方は，後にフォレットの組織論の基本的概念である「機能的統一体」へと発展していく。機能的統一体としての組織は，単に組織目的達成のために秩序づけられた「職務の体系」ではない。そのような目的－手段関係ではなく，それぞれの要素が――特に人間が――自律的に，全体の中での自らの役割を認識し，それを遂行することによって全体として統一体化されていくプロセスとして組織を捉えているのである。このような機能的統一体の最大の特徴は，自己調整機能を持つという点にある。すなわち，何らかのコンフリクトや問題が起こった場合に，管理者のみによらず，それぞれの当事者が自ら全体との関係をふまえながら調整していくという機能である。

さて，以上のようにフォレットの機能主義を捉えてみると，次のことが理解できる。まず，フォレットは，機能主義を主張することで，構造的なも

の，静態的なものよりも「動態的プロセス」を，また「発展的かつ成長的プロセス」を主張しようとしたように思われる。これはプラグマティズムの精神にも結びつくものである。しかしそれと同時に，社会を形成する諸要素間の関係のあり方を，そして社会全体と個人との「行為的な関連」を示そうとしたとも考えられる。そして，そこにあらわれた機能主義は，「構造－機能主義」に顕著な，原因－結果あるいは，目的－手段の因果関係のみを示そうとした方法的態度を示すものではない。フォレットは，社会現象が単なる因果関係では捉えきれない「予測できない結果を含むこと」，そしてそれを「創発的価値（プラスの価値）」として認識していくことが重要であることを主張した。この点で先に述べたルーマンの問題意識にも通ずるものがあると筆者は考える。

　彼女の機能主義は，社会現象の「認識方法」を示すと同時に，実際にわれわれが社会とかかわる「関係のあり方」を示したという点で，ある意味で「存在論的性格」をも有しているといえる。その際に彼女が何よりも主張したかったことは，個と全体との相互に主体的でありつゝ，互いに影響し合うという関係であった。この場合の主体性は，常に変わらざるものではなく，互いの影響により日々新たに生まれ変わる「創造的主体性」とでも呼べるものである。このような，いわば相互に主体化する動態的プロセスをもたらすような関係のあり方を，フォレットは「機能」という概念で示そうとしたのではないか。そして，こうしたフォレットの思想の内には，先述のような社会学的機能主義の問題を乗り越える可能性が用意されていたと思われる。

5．おわりに

　以上，われわれはフォレットの思想的基盤を，「プラグマティズム」「全体と個―民主主義―」「機能主義」という三つの側面から検討してきた。これらは彼女の生きた時代精神を反映しながら，その時代の問題を鋭く捉え，それを解決して未来を切り開いていこうとするフォレットの新たなアイディア

が含まれている。このような思想的背景を踏まえ，彼女の具体的な理論がどのように展開されていくかを探るのが次の課題である。

注

1) Fox, E. M., *The Dynamics of Constructive in The Thought of Mary Parker Follett*, Columbia Univ., 1970, pp.6-7.
2) 時代精神と管理思想のかかわりについては第5章で検討する。
3) フォックスはフォレットが多くの思想家や理論家の既存の概念を相互に結びつけて，自分自身の新たな概念を導く才能に優れていることを「創造的総合の才能（talent for creative synthesis）」と呼んで，高く評価している。(*Ibid.*, p.10.)
4) 思想の科学研究会編『アメリカ思想史』第3巻，98頁。
5) 梶芳光運監修，臼木淑夫・中川栄照責任編集『現代哲学の視座』三修社，1985年，131頁。
6) James, W., edited by Perry, R. B., *Pragmatism*, Longmans Green, 1948, p.46.（桝田啓三郎訳『プラグマティズム』岩波書店，1957年，39頁。）
7) Fox, *op. cit.*, p.25.
8) 第2章，注2参照。
9) Fox, *op. cit.*, p.26.
10) Follett, M. P., *Creative Experience*, Longmans Green, 1924, pp.283-294.（以下，*C. E.* と表示。）
11) James, *op. cit.*, p.200.（前掲訳書，146頁。）
12) *Ibid.*, p.201.（上掲訳書，147頁。）
13) *Ibid.*, p.75.（上掲訳書，61頁。）
14) Follett, M. P., *The New State*, Longmans Green, 1918, p.99.（以下 *N. S.* と表示。）
15) *Ibid.*, pp.99-100.
16) 彼女の「プロセス」そのものの考え方については第4章で検討する。
17) Follett, *N. S.*, p.20.
18) *Ibid.*, p.20.
19) *Ibid.*, pp.334-335.
20) *Ibid.*, p.40.
21) *Ibid.*, pp.60-61.
22) フォレットの「機能」概念は独特なものであり，その特質については次節で明らかにする。
23) Follett, *N. S.*, p.66.
24) Dewey, J., *Individualism, Old and New*, New York: Minton, Balch and Company, 1930, p.72.（鶴見和子訳「新旧個人主義」『世界大思想全集，デューイ』河出書房新社，1970年，29頁。）
25) 「モナド的個人」とは，ライプニッツのモナド論に依拠しており，他と関係づけられず，それ自体で完結しているという「個人」の捉え方を示している。
26) Follett, *N. S.*, pp.24-49.
27) *Ibid.*, p.70.
28) この点でドラッカー（Drucker, P. F.）の「自由にして機能する社会の実現」という主張との類似点を見出すことができる。
29) Follett, *N. S.*, p.70.
30) このような性格を「システム的思考」と言うことも可能であるが，「システム」という言葉自体，極めて多義的で，今日多くの論争を引き起こしているため，この研究では全体を通じて「システム」という概念は用いないことにする。

31）この点でフォレットの『創造的経験』は『新しい国家』の発展として捉えることができる。
32）Follett, *N. S.*, p.70.
33）*Ibid.*, p.77.
34）この点でフォレットはあらゆる組織体に共通する概念を目指したと言うことができる。
35）とりわけ，彼女は当時社会問題となっていた政統マシーン組織の支配を打破することを考えていた。
36）この点で，フォレットは「自由と平等」がもはや民主主義の根本原理にはないということを示している。
37）このための具体的な方法として，フォレットは，定期的な会合や討議，クラブ活動，市政や国政への定期的な結びつき等をあげている。(*Ibid.*, pp.204-205.)
38）Follett, *N. S.*, p.227.
39）単なる多元的国家に留まらない，連邦的制度を推察している。
40）Follett, *C. E.*, p.xiv.
41）*Ibid.*, p.87.
42）*Ibid.*, pp.257-271.
43）Follett, M. P., edt. by Metcalf & Urwick, *Dynamic Administration*, pp.295-314.（以下，*D. A.* と表示。）
44）Dewey, J., *Individualism, Old and New*, pp.81-82.
45）*Ibid.*, p.82.（前掲論文訳，33頁。）
46）新明正道『社会学的機能主義』誠信書房，1967年，15頁。
47）上掲書，15頁。
48）上掲書，96頁。
49）新明教授によれば，マリノウスキーは，文化を相互依存的な種々の制度から成る全体と規定し，制度的分析と機能的分析の必要性を主張したという。マリノウスキーの定義によれば機能とは「協力し，製作品を使用し，財を消費して行なう行為によって，人々がその欲求を充足するという意味」（Malinowski, B., *A Scientific Theory of Culture*, 1961, pp.39-40. 姫岡勤・上子武次訳『文化の科学的理論』1958年，45-47頁。）である。また，ラドクリフ・ブラウンは機能を，「ある特定の社会的慣習の機能は，それが全体の社会体系の活動としての全体の社会生活に対してなすところの寄与である。このような見解は，一つの社会体系（そのなかにこの構造が出現し，それがその継続的な生存のためにこれに依存している社会的慣習の全体を含んでいる全体的な社会構造）が，機能的統一と呼んでもよいある種類の統一をもっていることを意味している」（Radcliffe-Brown, A. R., *Structure and Function in Primitive Society*, 1952, p.13, p.178.）と規定している。（新明正道，上掲書，97-98頁。）
50）上掲書，103頁。
51）上掲書，106頁。
52）上掲書，106頁。
53）上掲書，107頁。
54）Luhmann, N., *Soziologische Aufklärung 1*, Westdeutscher Verlag GmbH, 1974.（土方昭訳『社会システムのメタ理論』新泉社，1984年，6頁。）
55）上掲訳書，14頁。
56）上掲訳書，42頁。
57）フォレットは数学的な関数の意味も含んで用いていると考えられる。
58）Follett, *C. E.*, p.73.
59）フォレットは心理学者ホルト（Holt, E. B.）の考え方を用いて因果性の批判を行っている。(*Ibid.*,

p.78.)
60) 個々の行動は，全体状況を換える契機となっているにすぎないとフォレットは主張している。（*Ibid.*, pp.61-62.)
61) Follett, *D. A.*, pp.132-133.

第 4 章

フォレット理論の方法と主要概念

1．はじめに

　前章では，フォレットの思想的基盤について検討した。このような彼女の思想は，社会や人間を見るときのものの見方にも強く影響し，独自の認識方法を形成している。本稿ではまず，彼女の認識方法を，「認識主体と対象とのかかわり」という点に注目して考察していくことにする。
　さらに，その認識方法は彼女の「概念観」にも影響し，いわば「動態的概念枠組」と呼べるものとなっている。ここではそのような概念観に立った上で，彼女の基本的概念を選び出し，その特色を明らかにしながら整理していく。

2．フォレットの認識方法と対象

　先に述べたように，フォレットは国家・地域集団・産業組織という具体的な人間協働を研究の対象としていた。そして，そのような具体的対象を通じて社会過程の「動態」を描こうとした。そこには一貫した「ものの見方」つまり認識方法が存在している。ここでは，その特徴を (1)「プロセス」としての事実認識，(2) 認識主体と対象の相互作用，という二つの側面から捉えてみたい。

(1) 「プロセス」としての事実認識

　フォレットは『創造的経験』の中で次のように述べている。「もしわれわれが，行動過程の記述において思考(thought)，目的(purpose)，意思(will)という言葉を，考えている (thinking)，目的を持っている (purposing)，意思をもっている (willing) という言葉で置きかえるなら，この相互の影響，この展開する状況，政治学，経済学，そして法律学の基礎はより明らかになる。……全ての静態的な表現は避けられねばならない。統合された有機体（ある心理学者は，『完全に統合された有機体』のことを語る）は不適当である。というのは，有機体は，自らを組織すること，自らを維持することの継続的活動だからである。われわれは「……された」という表現に注意しなければならない。なぜならば，それは『全体』，全体の誤った本質，『部分に関する全体の影響』などに通じるからである。『調整された全体』のような表現が行動主義者の一部の著述に見られるが，しかし説明されなければ，行動主義が表わそうと試みつゝある真理そのものに逆らうように見える。『……された』という表現は，思考にとって停止の場所になる。そして人がそこから先に少しも考えられなくなる時，それは危険である。神は多くの民族と多くの諸個人にとって，考えることの停止の場であった。ちょうど心 (mind) がしばしば『無知の隠れ家』であるように。」[1]（傍点は引用者）

　このフォレットの叙述には，「プロセス」を何よりも重視しようとする彼女の方法的特質が鮮明に現われている。彼女にとって事物はすべて「動態的なプロセス」として存在するものであり，事物を認識するにあたって，その「プロセスそのもの」を理解することが必要であると考えた。上述の「……された」という完了形の表現を否定しているのはこのためである。つまり，常に動いている事物を捉え表現する時には，進行形（〜 ing）で語らなければ具体的な姿を認識しそれを説明することはできない，と考えたのである。彼女は，人びとの考えがそこで停止してしまう場所（たとえそれが「神」という存在であろうと）を徹底的に否定した。事物は一瞬たりとも同じ場所に，同じ形でとどまるものではあり得ない。それは変わりゆくものであり，このプロセスを把握しなければ現実の姿を捉えることにはならない，というのが

フォレットの主張である。

　彼女は人間を，組織を，社会を，すべてプロセスとして描こうとした。それらを一貫して捉えるために，彼女はまず個人の「相互作用」に着目したといえる。個人は社会の中で独自の機能を担い，自ら活動していくプロセスとして捉えられる。しかし，彼女は人間が一つの役割の中に閉じこめられてしまうほどの限定された存在であると考えてはいない。日々多様な機能（＝活動）を展開することによって，人は常に「新たな存在」になると言ってもよい。つまり人間は，外界からの刺激に単に応答して変化するのではなく，自ら「創造的に変化するプロセス」として捉えられるものである。このようなプロセスとして捉えられた個人は，前章で考察したように，他者との円環的相互作用を繰り返し，全体としての共同体や組織を形成していく。さらに，個人は組織を形成する，と同時に組織が個人を形成するという相互形成のプロセスを繰り返す。この相互形成のプロセスで生じてきた新たな価値を，フォレットは先述のように「集合的観念」「集合的意思」と呼び，その創出のプロセスを社会過程として描いたのである。つまり，個人は相互作用を通じて社会過程となり，互いに形成され合う存在となる。フォレットは，「個人――集団（組織）――社会」へと連なる動態的プロセスを念頭に置き，その関係の中で生ずる様々な問題をプロセスとの関わりに基づいて展開しようとしたと言ってもよいであろう。

　ここでフォレットの言うプロセスとはどのようなものだったのであろうか。フォレットが初めて明示的にプロセスについて取り上げたのは *The Philosophical Review*（Vol.28, No.6）に掲載されている "Community is a Process" という論文においてである。その中で彼女は次のように言う「……コミュニティーは創造的なプロセスである。それは統合のプロセスであるから創造的なのである。ホルトによって解釈され，拡張されたフロイト派の心理学は，個人の統合プロセスの明快な説明をわれわれに与えてくれた。それは，パーソナリティが '欲求（wishes）' つまり，有機体（生物）が自ら存続しうるための行動の諸方向の統合を通じて造られることをわれわれに示したのである。フロイト派の心理学のエッセンスは，行動の二つの方向が相互

に排除し合うものでも，一方が他方を抑圧するものでもないということである。そのことを単純に示せば，統合とは，吸収（absorb）でも溶解（melt）でも融合（fuse）でも，はたまた，ヘーゲル主義者がよく使う和解（reconcile）でもない，ということである。」[2] フォレットは，コミュニティの創造性が個人の創造的な力によりもたらされると理解していた。そしてその創造的な力は，個々人の「欲求の統合」によりもたらされると考えた。つまり，社会変動の要因は個人の創造性によりもたらされるが，それは「個々人の諸欲求が共に満たされる統合のプロセス」から生ずると考えたのである。

フォレットによれば，個人は自己の意思を拡張するにつれ自分自身も発展していくとされるが，個人の意思の拡張は他の人びととの間に「集合的観念」と「集合的意思」を確立しうるか否かにかかっている。そして，前章でも考察したように，個人が真に個性的な存在となりうるのは，この集合的観念と意思が形成されるプロセスにおいてであるとフォレットは考えた。

フォレットは言う。「もし，ある人が自分の組合を越え出られなければ，その時には，私達は彼の墓標に『この男は組合人間であった』（"This was a trade-union man"）と記さねばならない。そして，もしある人が自分の教会を越えられないなら，その人は教会人間である。プロセスの魂はいつも個人である。しかし個人は永遠に形式を免れている。（escape the form）……人生は一つのピラミッドではない。個人はいつも逃れ出る。そう，なぜなら，彼を支えているのは関係だからである。彼は，不断に相互形成しあう『一と多』の絶え間のない相互作用の中で，永遠に新しい関係を追い求めているのである。」[3]（傍点は引用者）つまり，個人は一つの集団や組織という一つの形式，そこで生ずる一定の価値や利害に縛られるのではなく，たえずそこから逃れ出て常に新たな関係を自ら形成し，創造していくプロセスとして捉えられるものである，というのがフォレットの主張である。この点は今日においても重要な意味を持つユニークな人間観であると思われる。

こうした個人の自己形成のプロセスにおいて，創造性が実現されるためには，先に述べたように，個人の欲求が抑圧されずに他者の諸欲求と統合されていく必要がある。そこでフォレットは人びとの相互作用のプロセスに着目

した。彼女のプロセスの捉え方が完成した形で示されたのは，1926年の論文「統制の心理」[4]であると思われる。

　この論文の中で，社会的プロセスは「相互作用」(interacting)，「統一化」(unifying)，「創発」(emergence)の三つの局面から捉えられている。この「相互作用」は既に前章において述べた「円環的反応」(circular response)である。つまり，互いに作用し合う二者があった場合，その二者は相手に対して反応すると同時に，二者間の関係，さらにその関係から形成される全体状況にも反応するというものである。この円環的反応が絶え間なく繰り返されるところには，ある統一的な状況が形成されている。つまり，相互作用し合う者の間に関係づけられた全体性が生じ，それ以外の周囲とは区別できるような統一体が形成されてくる。これを「統一化」と呼ぶ。

　このような「相互作用」「統一化」のプロセスは，見方によれば，諸個人の欲求が相互作用し合うプロセス，つまり，諸個人の価値が相互作用しているプロセスとして捉えることも可能である。ここには欲求の対立が生ずる可能性をはらんでいる。欲求が対立のまゝ残されたり，どちらか一方の抑圧や両者の妥協による対立解決からは，個人の創造的な力が生まれないのみならず，全体状況も発展していかない。逆に言えば，全体状況が発展しているところでは，必ず個々人の欲求や価値は統合され，各自が満足をしていると考えることができる。このようなところでは互いの価値が絡み合い，相互に浸透し合うことによって新たな価値が生み出され，新たな状況がたえず生み出され，それがさらに展開されることになる。このようなプロセスをフォレットは「創発」と呼ぶ。

　社会的プロセスとは，このように構成要素である諸個人が多様な機能を担うことにより，互いに関係づけられ，全体的に統一され，自ら発展していく「連続的プロセス」と捉えることができる。これは諸要素間の均衡や調和によって達成されるのではなく，要素の特性――個人の独自性――を生かしつゝ，互いに「相互浸透」(inter-penetrate)することにより実現されていくものであるとフォレットは主張する。つまり，多様な価値が一つの新たな価値へと統合されるプロセス，それが社会的プロセスなのである。個人の成

長，組織の発展，社会の進歩というのは，このような「自ら創出する統一的な社会プロセス」の一つの局面であり，この中で実現されるものであって，それを離れてはありえないとフォレットはとらえていた。

このようにフォレットの描くプロセスの意味をさらに明らかにするために，ここで，フォレットと同時代に活躍したA. N. ホワイトヘッドのプロセスの説明に依りながらこの点をさらに検討してみたい。

ホワイトヘッドは，著書『過程と実在』の中で，ロックの分類に基づいてプロセスを二つの側面において把握した。その一つは，「合生」（concrescence）と呼ばれる側面であり，ロックの表現によれば「個々の存在物の実在する内的構造」と言われるものである。これは，「多くの事物において『多』（many）の各項を新しい『一』（one）の構造に従属するように決定的に追いやることで，個体的統一性を獲得する過程である」[5]とされている。もう一つは「移行」（transition）と呼ばれるものであり，これを「過程の消滅が，その個々の存在物の完成に関して，その存在物を，過程の反復によって引き出された他の個々の存在物の構造における，一つの始原的な要素としてつくり出すところの，流動の働きである」[6]とホワイトヘッドは説明している。以上を簡単に述べれば，「合生」とはプロセスの「自己創造的な主体の成長」という側面であり，「移行」とは現在ある全体性からそれを客体的所与として次の全体性が生まれてくるという，いわば「存在の客体化と主体化の反復的側面」が表現されたものとして理解できる。

ホワイトヘッドは移行を「巨視的な過程」，そして合生を「微視的な過程」と呼ぶ。彼によれば，「巨視的な過程は，達成された現実から達成しつつある現実への移行である。一方微視的な過程は，単にリアルにすぎないところの諸条件を確定的な現実へと転換すること conversion である。前の過程は，『現実的』actual なものから『単にリアルにすぎない』merely real ものへの移行を生み出し，後の過程はリアルなものから現実的なものへの成長 growth を生み出す。前の過程は作用因的であり，後の過程は目的論的である。未来は，現実的であることなしに単にリアルにすぎないのだが，過去は，諸現実の一つの結合体 a nexus of actualities である。現在というものは，

リアルであること reality が現実的になる目的論的過程の直接性なのである。巨視的な過程は，リアルに達成を当轄している諸条件を提供する」[7]と言う。そして彼は，現実的な存在というものは，微視的な過程において見れば完全であっても，巨視的過程を客体的に内包している限り未完であると言う。[8]

さて，以上のようなホワイトヘッドのプロセスの考え方に基づいて，ここでフォレットのプロセス論の特質を今一度捉え直してみよう。前述のように，フォレットは社会的プロセスをその構成要素である個々人の欲求の「相互作用」「統一化」「創発」から成る連続的過程であると捉えていた。つまり，個人が自ら多様な機能を果たすことによって他の人々と相互作用し，互いの諸欲求が統合的に統一化されることにより，新たな価値が生ずるプロセスとして社会的プロセスを把握していた。ここでの個々人の対立する諸欲求が統合的に統一化され新たな価値が創造されるプロセスは，「多を一に」，つまり多様な価値を一つに統合し新たな価値を創造するプロセスであり，動態的な社会的プロセスの「実在する内的構造」をあらわしているといえる。そして，この意味で，ホワイトヘッドの「合生」というプロセスの側面を表現していると考えられるのである。

しかし，フォレットはそれのみならずもう一つ別の視点からもプロセスを述べている。というのは，「統合的統一体」とは，同時に「機能的統一体」としても捉えられるものであり，これは，個々人が自らひとたび機能化する（客体化）することによってもたらされる社会の全体性を表すものである。これは，社会を構成する諸要素である個々の機能（活動）を客体的所与として，新たな統一体が生み出され，また，その統一体が客体化して次なる新たな統一体を生み出すという，ホワイトヘッドの「移行」という側面をあらわしたものであると筆者には理解できる。

以上の考察により，フォレットの社会的プロセスとは，ホワイトヘッドの「合生」と「移行」を共に含んでいると考えられる。ホワイトヘッドは「合生」と「移行」を述べることによって，プロセスの「時間的特性」をも表現しようとした。「巨視的過程」，「微視的過程」という言葉がそれを表現している。つまり，巨視的過程は，すでに達成された現実から達成しつつある現

実への移行（actuality から reality へ）であり，微視的な過程とは，実現されるはずのものを現実化していく過程（reality から actuality へ）であると考えられる。すなわちホワイトヘッドは，過去と未来が共に現在の存在の中に実現されているということをプロセスという概念で示そうとしたと理解できる。

フォレットもまた，「相互作用」「統一化」「創発」というプロセスの三つの局面が同時に存在し，その中の過去から未来へと連続していく社会的プロセスを描いた。そして，そのプロセスこそが現実の存在であるとフォレットは主張したかったのではないか。彼女の次の言葉にはそのような考え方がよくあらわされている。

> 多元論者は，リンゴが腐っている時，それ最も愛している。その後で彼は，すべての種がまかれているのを見て言う，「これが生命である。これが真実である」と。しかし，多くの人々は，腐ったリンゴ，まかれた種子，新鮮な芽ばえ，受精などを経て，新たな全体が創造されていくのを見るのである。他方で，もし一元論者の何人かの人々が「完成された」果実（絶対的国家という概念のように）に固執しようとしてきたならば，生命は，彼らに決してそれを許さないであろう。9)

すなわち，あらゆる生命（life）そしてあらゆる現実存在は，フォレットにとって，このような意味でのプロセスであったと考えられるのである。

(2) 事実認識の主体と対象

フォレットが求めてやまなかったもの，それはある側面から見れば「事実（facts）認識の深化」ということであったといっても過言ではない。なぜなら，彼女は自らの一生の課題を「真の民主主義の追求」に置いていたが，それを阻むものは個人間のあるいは集団間の「対立」であり，それは当事者の事実認識の相違に源を発していると考えられるからである。従って，彼女は「事実」というものに極めて敏感であり，事実認識というものを注意深く考

察していた。そこで，彼女の抱いていた事実ならびに事実認識ということについて，若干の考察を加えておく必要があると思われる。

フォレットは「客観主義が主流である」と自ら指摘した時代[10]にあって，客観性そのものに疑問を提示した。彼女は『創造的経験』の冒頭において，一定の客観的な事実というものがわれわれを離れて存在しており，「専門家」という人びとはその事実に関してはわれわれ以上に精通しているものと一般には思われているが，それは誤りであることを指摘した。なぜならば，事実もまた動態的なプロセスであり，ある一時点において静態的に捉えきれるものではないこと，さらにわれわれを離れて，あるいは周囲の状況を離れて存在している特定の「事実」などというものはあり得ず，われわれは誰一人（たとえ専門家であろうと），自らの現在置かれている立場や利害関係や欲望を離れて「客観的」に事実を把握するなどということは不可能であるからである。

フォレットの次の言葉がこのことをよく示している。「事実は，われわれがそれに注意している時，われわれにとってそのようなものとなるのである。事実に対するわれわれの注目は，状況に取り巻かれている。いく人かの事実崇拝者が果てしなく追い求めているような種類の客観性は，彼らにとっては果てしなく隠されたまま終わるであろう。われわれは『公正』で『非個人的な』事実の調査を欲すると言うが，宇宙についての既に知られている諸法則のすべてを見ればわかるように，そのような事実は『公平な』（！）調査を要求するという『欲求（wish）』の一部にちがいないのである。『欲求』に基づく心理学の含意は多大であり，かつ遠大なものである。」[11] 以上のことから，フォレットは，「事実」を認識主体から離れてある「客観的」なものとしてではなく，主体の状況，とりわけ欲求により左右される「主観的」なものとして性格づけていたことが理解できる。

しかし，フォレットが本当に主張したかったことは，「主観主義」の過度の強調でもない。彼女は事実があくまでも「主体と客体の相互作用のプロセス」において認識されるということを主張したのである。彼女は次のように述べている。「客観性を求める熱心な探求，つまり事実崇拝者の第一の

仕事は人生の全体におよぶ仕事とはなり得ない。というのは，客観性のみが現実（reality）ではないからである。われわれが今まで見てきた哲学的論争の問題点はあらゆる場面に写し出されてきた。主観的観念論者が主体を過度に強調し，実在論者は客体を強調するように，『経済決定論（economic determinism）』を否定する歴史家が存在し，それをより以上に評価する人々がいる。『人々の意思』について語る政治学者もいれば，『からっぽな意思』に対する反動として，常にわれわれの規則としての『客観的状況』をわれわれに与えている人々もいる。また，抽象的概念を誇張する法律家もいれば，『社会的事実』の中にすべての真実を見る人々もいる。芸術，とくに絵画においては，主観性と客観性の間の振り子の振幅は，興味深いまでに明白である。心理学においては，内省主義者と行動主義者がいる」。[12]

以上のフォレットの主張から明らかなように，彼女は主観性と客観性の両者が共に事実認識にとって重視される必要があると考えていた。より明確に言えば，事実というのは，「主体と客体」，「主観と客観」の相互作用により発見され，認識されうるものと考えたのである。従って彼女は，専門家の観察によってのみ，ある一定の事実が発見されることなど不可能であり，ある状況を理解するには，そこに参加するすべての人々による観察と経験を織り合わせることが必要であることを繰り返し主張したのである。つまり，実際にその状況を経験し行為を通して認識している当事者も，そして参加的観察を行っている専門家も同時に存在し，「すべての人々の主観的な視点が関係づけられる」ことにより，個々の経験が織り合わされるところに，「相互主観的な全体状況」と呼べるものが存在する。こうした全体状況は個々の認識主体に影響を及ぼすと同時に，また，主体からも影響を受ける。このようにして「事実」もまた，絶え間なく動いていくのである。

それでは，このような「動態的プロセスとしての事実」をわれわれはいかに認識し，さらに社会科学としての視座をどこに求めていったらよいのであろうか。フォレットは次のように述べる。「社会的レベルでは，自己と環境，思考と具体的経験は常に相互に交織し合っている。比較ではなく，これは生活のプロセスなのである。われわれは今や，生活のプロセスを特定の反応を

通じての創造のプロセスとして見ている。観察というのは，社会科学の手続き上最も重要な部分であるが，われわれは観察——観察，比較，検証——ということについて，より正確に理解すべきである。あらゆる活動というものは，自らの内にすでに検証を伴うものであるから，活動に先立つ思考によって活動を検証することはできない。しかし，それは非常に容易であるために，われわれはそうしようと試みる。一つの物差しを取って測定することは一考である。しかし，ストレスと緊張を伴う経験を通じて生きること，つまり，その状況に含まれるものを，おそらくは無限の苦しみを持って発見することは，それとは全く別のことなのである。」[13]（傍点は引用者）つまりフォレットは，経験を何らかの尺度で測定するのではなく，それを統合し，自らの行為の中に，プロセスの中に生かすことの重要性を指摘している。何らかの尺度や何らかの原理によって測定され，切り捨てられてしまう具体的行為はあり得ないことを彼女は主張した。つまり，すでに行為は，それが成された時に，その中に検証や解釈を含んでおり，プロセスの中に投じられてしまっていることを強調しているという点は極めて重要であると思われる。

彼女はさらにいう。「もし，諸原理は，それを用いて実験する単なる仮説（hypothesis）であるにすぎないなら，それらは捨ててしまえば何の価値もない。しかし，それらは決して捨てられない。私が既に述べたように，それら（諸原理）は，プロセスに投入され，こうして新しい原理や，新しい状況のための方法——私はそのことについて言及すべきであるが——に貢献するのである。……もしわれわれが，ある思考を検証するに十分な程長く「保持」すれば，それは有機体，つまり内部のメカニズムの一部となる。……捨てることが不可能であるということは，ある意味では，科学的仮説についてさえ真実である。確かに，われわれが，例えば原子の空間配列について述べている時，われわれは後に捨てられる一つの仮説によって検証しているのかもしれない。しかし，今だに科学においてさえ，一つの仮説は次の仮説を形成することでわれわれを助けてくれる。科学的仮説は，決してあて推量ではない。」[14]（傍点は引用者）

フォレットは社会科学というものを単なる事実認識，あるいは事実を仮説

あるいは原理に基づいて検証する過程として把握していたのではない。彼女が目指しているのは「科学する」という態度であったと思われる。つまり，彼女は活動をより創造的に発展させるために，経験を結びつけ，体系づけ，プロセスの中に投ずることを「科学」と呼んだのではないかと筆者は考える。一定の仮説や原理は具体的事実の中に取り込まれ，新たな事実を生み出すプロセスの中で位置づけられてこそ意味を持つものとなるのであり，そこにこそ，「生活に根ざした」真の科学があるとフォレットは考えていたと思われる。彼女は言う，「裁判官の智恵にでなく，専門家の事実にでなく，『人々の意思』にでなく，生活それ自体にこそわれわれは信頼を置く。日々の生活における，人々の相互作用のより深い分析が，今こそ必要とされている」[15]と。

　ここで，彼女の強調している「生活」(life)というものについて若干触れておく必要があろう。彼女は生活を一つの芸術（an art）として捉えており，人間にとって，活動と思考の自己産出に依存する創造的な力を持っている終わりなき相互作用として理解していた。この活動と思考の出会う時点が「事実」，「客観的状況」，「具体的出来事」と呼ばれるものであり，フォレットは，この概念レベルと知覚レベルが出会う点を見極めることが極めて必要であると指摘した。[16]

　彼女は知覚の対象と概念とは共に同じ活動の一部であると捉えていた。そのことは次の言葉に表れている。「あらゆる経験は過去と現在をたばね合わせることである。概念は，ただ概念としてとどまることはない。それはわれわれの日々の活動の骨と血に入りこみ，それによって，これらから新たな概念が生まれる」。つまり既存の概念が日々の活動を通じてわれわれの知覚を決定づけ，その知覚の対象がさらなる概念をまた創造していくプロセスがいわば概念形成の過程であり，これを通じてわれわれは生活を把握していく，というのがフォレットの主張するところである。ここにもまた彼女独特のプロセス思考――知覚と概念，思考と活動の相互作用のプロセス――が見られる。われわれはともすれば概念を実際に存在しているものと見誤まり，それによって捉えられる現実，あるいはその概念から引き起こされる活動そのもの，ひいては生活そのものを見ようとはしなくなる。このことの危険性を

フォレットは指摘したのである。

　「生活は組織化のプロセス（organizing process）であり，それぞれの複雑さ（complex）は他の複雑さと共に，さらに高度に複雑化される。それぞれの組織は単純化しているが，その単純さは，さらなる複雑さに貢献しているにすぎない。生活という織物（tissue）は手の込んだものであり，概念はわれわれに統一性と単純性をもたらす。もし，われわれが生活から生じ生活に働きかける入念さを理解するなら，われわれはその統一性と単純性を十分に利用しうるであろう。」[17] つまり，彼女は，概念というものが活動，つまり生活そのものと決して切り離し得ないことを示し，そして，概念は生活という複雑かつ入念な織物を単純化してわれわれに提示してくれるが，生活そのものの複雑さを踏まえてこそ，初めてその概念は有効となりうることを主張したのである。

　このようなフォレットの「概念」の特徴をさらに明確に示してくれるのは次のような叙述である。「時々われわれは静態的な用語である『概念的構図（conceptual pictures）』という言葉さえ耳にする。しかし展開する状況は，概念的構図に対立する。……概念的構図は，常に，過去の構図である。従って，あなたは生きているものではなく死んでいるものから，原則，法，規準を推論しようとする。そして，新たな構図を得る唯一の方法は，何かを取りはずし，他のものを掛けるということになる。構図は進展しない。状況は進展する。状況は内部の力によって，つまりそれ自体の勢いによって進展するのである。……私の構図は私の行動に基づくのである。……全ての世界についてのわれわれの構図は，世界に対するわれわれの特定の応答（response）によって造られるのである。」[18]

　以上の考察をまとめると，フォレットの認識方法——特に認識主体と対象との関係——は次のようになる。

　フォレットは主な研究対象を，人びとの相互作用を基礎とする「社会プロセス」として据えていた。その対象は，フォレットにとって——つまり認識の主体にとって——自らと切り離された客体として捉えられるものではなく，常に認識主体と相互作用を行うことにより共に変化していく相互形成

の一つのプロセスであった。このような対象を認識する際に，純粋に「客観的」に把握するということは不可能であり，主体の欲求や状況などにより「主観的」な認識を免れ得ない。この主観的な認識は個々人の経験により生ずるものであるが，この個々人の経験が絡み合って，全体的に統一されている状況が社会的プロセスである。そして，この社会的プロセスという「事実」を認識し，説明するものが社会科学なのである。

　この社会科学における事実認識に際して，フォレットは仮説や原理に基づいて検証していくという形の，いわゆる自然科学的な方法を否定する。なぜならば，社会的プロセスを形成している人々の活動には，仮説に照らして切り捨てられるものは何一つとして存在しないからである。つまり，活動はそれが行われれば，その時にプロセスの中に投入され，次の活動を形成する契機となるのである。従って，フォレットによれば，社会科学が目指すものは，いかに次の活動を進展させ新たな全体状況を発展させていくか，つまり，いかに経験を創造的にしていくか，ということになる。このためには個々の経験を体系的に関連づける必要が生ずる。ここで必要となるのが「概念」である。個々人の経験は概念化され，体系化されることによってはじめて次の「創造的経験」を生み出しうるのである。

　この場合，フォレットの主張する「概念」とは，「複雑な生活という織物を単純かつ統一的に把握（grip）すること」である。彼女は概念を，事実を把握するための静態的な枠組（「概念的構図」）とは捉えていない。ここでもまた「概念化」という動態的性格を強調する。つまり，概念は単に生活を単純かつ統一的に描いてみせる道具として意味を持つのではなく，われわれがそのことを通じて，より豊かに生活の複雑さを自覚し，状況の進展を促しうるというところに意味があるのである。われわれにとっては，ある静態的な構図で生活を捉えきってしまうことなど不可能である。われわれの生活は，先に述べたように常に流れゆくプロセスであり，一定の構図をもってその一面を捉えたとしても，次の瞬間に状況は変化している。しかも，われわれ自身もまたその状況を創り出す主体であることから，われわれの概念的把握がさらに次の状況を変化させることになる。同時に，われわれは状況に影響さ

れる客体でもあることから，われわれの内に形成される概念もまた常に変化しているといえる。

　フォレットは，事実認識において，われわれが「知覚すること」と「概念化すること」は共に同じ活動の一部であることを主張した。われわれが「『世界』を認識している」と言う時，われわれは一定の概念的構図を受容しているのではなく，われわれの世界に対する様々な「応答」，つまり活動を通じて把握しているというのがフォレットの考え方である。そうした彼女の認識方法によってこそ，彼女は，自ら主張した「そうなるはずのもの(perhaps may be)」を描くことが可能となったと考えられるのである。

3．フォレット理論の主要概念の検討

　上で述べたように，フォレットの「概念」とは，いわば「活動と共に深化する概念」「動態的概念枠組」と呼ぶことができるものであり，概念化のプロセス，つまり概念の動態的側面を強調するものであった。彼女は，認識主体である自分自身の行動も加わって創造的に進展していく社会過程の全体像を，可能な限り動態的に把握し概念化しようと試みた。ここでは彼女がどのような形で概念化しようと試みたか，ということを「円環的反応」「対立と統合」「創発」「統合的統一体あるいは機能的統一体」「状況の法則」という基本的概念を取り上げて考察していきたい。

(1) 円環的反応

　先に述べたように，彼女は事物を変化するプロセスとして理解していた。この「変化する」状態としての社会を適確に捉えうる動態的な概念として設定したものが，人間の相互作用——つまり「円環的反応」——であった。この円環的反応は次の二つの機能を有していると理解できる。まず第一には，個々の人間の行為を相互に関係づける機能であり，第二は，個々人の行為が関係づけられることによって成立する全体状況を形成するという機能であ

る。この二つの機能が同時に行われることをフォレットは「円環的反応」と呼んだ。

　フォレットは，先にも述べたように，人間の行為を，単に「刺激－反応」という形で捉えてはいない。また，それと同時に，何らかの客体に対する主体の応答という形で捉えてもいない。ある行為が，特定の刺激に対する反応であるかのように見えても，それは一瞬のことであり，すべての行為はプロセスとしての全体状況をつくり出している契機になっている，と彼女は考えていた。

　円環的反応とは，人びとの行為が相互作用することを通じて全体状況が形成され，その状況が展開されていく動態的なプロセスを示そうとする概念である。フォレットは次のように言う。

> ここに相互に影響し合っている二つの要因――二つの活動ＡとＢといった方が好ましいであろうが――があると仮定しよう。われわれの問題への鍵は，相互に影響し合うということはどのような意味かという点にある。果して，あらゆる形でＡがＢに，またあらゆる形でＢがＡに，影響を及ぼすことを意味しているのか。相互に影響し合うことは，これ以上のことを意味する。つまり，それは，ＡがＢに影響を及ぼし，Ａの影響によって前と異なったようにされたＢがＡに影響を及ぼすことを意味し，さらに，Ａ自体の活動が彼自身の活動を引き起こしている刺激のなかに入っていくことを意味する。[19]

　つまり，ＡとＢが相互作用するという時，ＡはＢの行動に反応し，それに対してＢはＡの行動に反応する，というように直線的に反応し合うのではなく，Ａは自分の行為によって変化させられているＢの行為に反応する，つまり，Ａは，Ｂ自身と反応していると共に，Ｂをとりまく関係に対しても反応していることになるのである。社会に生きる人間は，いかなる時でも他の人びととの関係の中にいる。個人は意識していなくても，常に他の人びとからの影響を受けて行為していることは事実である。そして，それと同時に自分

の行為が他者に，そして自分自身を取り巻く環境に影響を与えてもいる。このように行為者自身の行為は，自分をも含めた状況全体のあらゆる要素と関係づけられて，その状況全体を変化させる原因をつくり出しているのである。

　個人は行為を続ける限り，絶え間なく周囲の状況を変化させていくことになる。社会とは，こうした人間の行為が円環的反応によって関係づけられ，全体的に統一され，常に動いていく「行為のネットワーク」，あるいは「行為の織物」と呼びうるものである。社会の中に生きる人間は自分自身の行為により，日々，この織物を織りあげていく主体であるとも言えるのである。

　フォレットは，こうして円環的反応という概念を用いて，個々人の行為が環境といかに関係づけられていくのかということを示そうとした。ここでわれわれはさらに一歩進めて，フォレットのいう「関係づけ」とはどのような意味なのかを検討しておく必要がある。フォレットはこのことを次のように言う。

>　……社会的状況に関するわれわれの研究において，われわれを導く三つの基本原則がある。(1) 私の反応（response）は，固定的，静態的な環境に対するものではない。(2) すなわち，（私の反応は）環境と私との間の行為によって変化している環境に対するものなのである。(3) そのような関数（function）はそれ自体により，継続的に修正されうる。……あるいは，このことは次のように述べられうる。すなわち，反応は常に関係すること（a relating）に対するものである。変化しているものは変化しているものと比較されねばならない。等比級数の法則は有機的な成長の法則である。関数的に関係づけられることは常にプラス（正）の価値を持つ。以上のように述べられるのである。社会科学は，このプラス（正）を取り扱うこと，つまり文字どおり，これを総計する（reckon）ことを学ばねばならないのである。[20]

　ここではフォレットは 'function' という語を数学的な「関数」という意

味で用いているのだが，これには注意を要する。というのは，彼女は，行為と環境との関係づけを捉えるために「関数」及び「変数」という用語を使ってはいるものの，行為を単なる「環境の関数」として見てはいないからである。彼女は，行為を「自己と環境の間の関係の関数」として見ているのである。彼女は，社会科学にとって，とりわけ人間の行為の体系として社会過程を捉える際に，「関数」という捉え方は有効であるとしながらも，次の三点に注意しなければならないことを主張するのである。第一には，関数という言葉を，われわれが各自の状況を研究するための近道に，あるいは研究を免れるために使ってはならないということ。第二には，関係としての関数と量としての関数を混同してはならないこと。つまり関数とは──フォレットの主張によるところでは──われわれにとって，関係するという活動が完成した時に残される量ではなく，まさに関係するという活動そのものであり，働きなのである。そして第三に注意すべき点は，独立変数は，一定の方程式の範囲内でのみ独立しているにすぎず，方程式そのものも常に変化しているということである。つまり，すべての関数は一定の仮定の下でのみ成り立ち得るのであり，現実には仮定そのものが変化していることを認識しておく必要がある，ということである。[21] フォレットは，以上のような限定つきで「関数」という用語を用いることの有効性を主張したのである。

さて，以上の考察からわれわれが理解しうることは，すでに前章の「機能主義」でも見てきたが，フォレットにとって，行為と環境との「関係づけ」という問題は，個人行為間の単なる対応関係──例えば「刺激－反応」のような──や，個人行為と環境との関数関係──ある一定の値を決めれば他方も決まるというようなもの──ではないということである。繰り返し述べてきたように，彼女は，個々人の行為が他者の行為と関係づけられる時，その人の行為は相手の行為のみならず，互いの関係そのものからも影響されて変化しつゝ，互いに反応し合うことを強く主張したのである。従って彼女は，状況から切り離された「一対一」あるいは「一対多」の対応関係というような形で人びとの相互作用を捉えることは不可能であると考えていた。

また，このことと関連して，相互作用には行為の主体と客体という区別は

存在し得ないことを主張している。つまり，行為者は，次なる状況を形成するという点では主体でありつゝも，その行為が全体状況から決定づけられるという点では客体なのである。円環的相互作用を行う行為者は，常に状況における主体であると同時に客体でもある。この点に注目すべきことをフォレットは主張したと理解できる。

さらに付け加えるべきことは，この円環的反応を通じて，人びとの間に経験の交織が行われ，その経験が互いに共有され，新たな価値を持つものとして統合される時，その経験は創造的な経験となって人びとを人間的成長へと導き，さらに統合的統一体としての社会を発展させる契機となっていくという側面である。次にわれわれは，このような経験の統合がいかなる形でもたらされるのかを検討しなければならない。

(2) 対立と統合

先にわれわれは，人びとが相互作用（円環的反応）を繰り返す過程で，全体状況が形成されることを見てきた。この全体状況は個々の行為の交織，つまりネットワークであると考えられるが，これはまた，個々人の「欲求の体系」であると捉えることも可能である。なぜならば，人間は自らの欲求を満たすために他の人々と相互作用を行うと言っても過言ではないからである。個人個人の欲求は多様であり，互いに相入れないものも当然ありうる。そこで相互作用の過程では，「欲求の対立」は当然のこととして生ずる。対立は，一見すると円滑な相互作用を停滞させるものとして捉えられ，社会過程の動態を鈍らせるものとして排除される傾向がある。しかし，この「対立」という概念を，統一的全体の動態化と結びつけて強調しているのが，フォレットの大きな特色である。

彼女は対立（conflict）を相違（difference）が表面に現れたものであって，それ自体，善でも悪でもないと指摘している。[22] 個人というものは，それぞれが自律的で個性的な存在であり，異なった価値観を有する存在であることを認めるならば，互いに意見の相違が生ずるのは当然のことであり，むしろ社会として健全な状態にあると言える。フォレットは，個人の自由を尊

重するという点からも，個々人が自らの意見や主張を明確に持ち続けることの重要さを強調した。それは民主主義の基盤でもあった。しかし，彼女はまた，そのことによって生ずる対立が，ともすれば個人の自由を束縛し，社会的発展を阻害する危険性も有していることをも見逃さなかった。彼女は，対立の「建設的な解決方法」を探ることで，この対立を生かす道を主張したのであった。

　われわれが通常，対立を解決している時に見られる行動には，フォレットによれば，次の三つがある。第一には「支配（domination）」，第二には「妥協（compromise）」，第三には「統合（integration）」である。第一の方法は，対立する二者のうち，どちらか一方が相手側を支配する，つまり，一方の欲求のみを満足させ，他方を無視する，という行動様式である。第二の方法は，例えば労使交渉などにおいてよく見られるように，対立する両者が，共にわずかずつ譲歩して解決を図るというものである。すなわち，各自の欲求を量的に考えて，わずかずつ減らして満足するというように考えられるものである。第三の方法である統合は，両者の欲求が互いに何ひとつ犠牲にされることなく満足させられるという解決方法である。[23]　第一と第二の方法，すなわち「支配」と「妥協」はどちらかの欲求が満足されない，あるいは両者の欲求が満足されないまま残される。従って満たされなかった個人の感情を抑圧し，次なる行動にも影響を及ぼし，さらに複雑な対立状況を生むとも考えられる。これは真の対立解決とはいえない。

　第三の方法，つまり「統合」は，両者の相違を包括しうるような新たな価値を含んだ状況を作り出し，その段階で両者の欲求を共に満足させようとするものである。この統合という解決により，初めて両者の対立は真に解決されうるとフォレットは主張する。フォレットは，対立をもまた個々人の相互作用の契機として捉えているといえる。そこでわれわれは先に述べた「円環的反応」を念頭に置いて，支配・妥協・統合の意味を捉え直してみることにする。

　まず，支配という行為であるが，これは一方の側からの直線的な行為をもって対立を克服しようとする方法である。このことの結果として予想される行

為は，相互作用の断絶ないしは，抑圧された側からのさらに強い反発的な力の行使である。このような状況からは統一的な全体は生じ得ないし，また，互いに他者の価値観を共有し合い，経験の交織を行うことも望み得なくなる。その結果，状況の進展，すなわち，社会過程の進歩ももたらされなくなると考えられるのである。

次に妥協という行為を考えてみよう。妥協においては互いの欲求の程度をおさえた相互作用が成立する訳であるが，ここではいわば真の欲求をおさえ，互いの相違や価値観を強く主張しない形で相互作用し合うことになる。統合のところでより詳細に述べることになるが，フォレットは互いの真の相違が明らかになること，互いの価値観がより明確にあらわれることにより，円環的反応がはじめて可能であることを主張している。従って，妥協という形はいわば心的な相互作用の程度を下げる，つまり，「互いの心の底からの交流」といったものを妨げる行為になると考えられる。この結果，妥協という相互作用によっては互いの価値や経験の共有，さらに相互浸透は望み得ない。

さて，最後に統合という行為であるが，これが前二者と決定的に異なるところは，前二者が，対立という現象が生じた場合，われわれがある程度無意識のうちに行っている解決方法であるのに対し，統合は「意識的」な過程であるという点にある。このことの意味を次に検討してみよう。

フォレットによれば，統合の第一段階は，対立している当事者が互いに相違点をさらけ出すこと，つまり真の欲求を表面化することであるという。[24] こうして初めて対立し合う欲求が何であり，どのように評価できるかということが明らかとなる。そして，その対立状況を「欲求の場」(the field of desire) として捉え直すことも可能となるのである。このように欲求の表面化及び再評価が実現されたならば，第二段階として行うべきことは，対立者双方の欲求を，それぞれ構成要素に分解し分析することである。とりわけ，この段階で注意すべき点は，対立状況にあらわれている「シンボル」の問題である。より限定的に言うならば，その状況で用いられている「言葉」の意味をいかに解釈するのかという問題である。われわれは，同一の言葉をそれぞれの主観によって捉えているため，互いに異なる解釈を行っていることに

注意しなければならない。そしてこのことが対立の原因となっていることも多い。フォレットは，対立を象徴しているかに見えるシンボルを吟味し，本当の意味するものを探り出すことが，統合実現へ向けてたどるべき段階であることを主張したのである。

　このような段階を経て互いの欲求は分析され，全体状況の中で評価され，相互に調整されることにより，互いに他の欲求を排除，抑圧することなく満足できるような形に対立が克服されていくというのが統合である。この，「抑圧の克服から統合へ」というフォレットの対立解決の考え方の背景には，「欲求の抑圧を排除」することによって心的エネルギーを解放し，人間の心理状態を健全にしていこうと主張したフロイトの考え方が存在している。

　彼女は『創造的経験』の第9章「創造することとしての経験」において次のようにいう。「妥協を主張する人は，最近の心理学の研究成果を集めることに失敗している，というのは，妥協は抑圧であり，個人の抑圧された衝動は後にその人を破滅させるかもしれないということを示したが，政治や労働問題についての論争の妥協において抑圧されたものは，より破壊的な成果をもたらすべく新たに現れてくることをわれわれはくり返し見てきた。もしフロイト派の人びとに従うならば，健全な人間とは，欲望が妨害されていない人であり，健全な産業集団とは，雇用主も従業員も共に妥協していない集団であり，健全な国家とは，（政治的な）慣れ合い（log-rolling）に依存したものではなく，健全な国家間同盟とは，その中のどの国家も『犠牲』を払ってはおらず，それぞれが豊かさを求めるものである。現代心理学において"嫌われ者の"抑圧は，妥協という形をとって社会，政治，産業，国家間のレベルで，現在われわれにとっての構造上の弊害となっている」。[25]

　フォレットにとっては妥協も支配も共に，個人の欲求を抑圧することにほかならなかった。そして欲求の抑圧が個人の本来あるはずの姿を破壊し，社会的発展を阻害する原因となると主張したのである。続けて彼女は言う。「妥協を主張する人は誰でも個人を捨てる。というのは，その個人は，何らかの行為が起こりうるために自らの一部分を手離しているからである。個人の誠実さ（integrity）は統合（integration）を通じてのみ手に入れられる——こ

れらの言葉の類似性は無意味ではないのである。さらに，もしあなたが妥協を信ずるなら，そのことは，あなたがいまだに個人を静態的なものと捉えていることを意味している。自分自身の目的と意思を持った自己（self）がたとえ一瞬たりとも完成品であったなら，その時はもちろん共通の意思を得る唯一の方法は妥協を通じてである。しかし，真実は，自己とはいつも繰り返し繰り返し自らを織り上げていく流動（flux）のうちにあるということなのである。」[26]（傍点は引用者）

　つまり，彼女はここでもまた「プロセス」として自己を捉えている。そしてその前提に立つなら，人間とは常に自らを生み出していくものであり，互いの欲求も，目的も，意思も常に変わりうるということになる。従って，妥協という対立解決の方法は，プロセスとしての，さらにいえば「成長する」人間の姿を踏まえてはいないことを指摘したのである。

　こうした「プロセスとしての対立状況」を考慮するならば，「統合」という方法をもってのみ，真の解決がもたらされることになる。統合が支配・妥協と大きく異なるところは，対立し合う当事者の思考や行為に「質的な変化」を与えるという点であろう。つまり，支配や妥協は，互いの目的や価値は終生変わらないものと捉えた上で対立を克服しようと試みるものであるのに対し，統合は，目的や価値意識の変化を前提とし，このプロセスの中で真の対立解決の道を模索しようとするものである。つまり先に述べた円環的反応としての相互作用を前提とした上で，対立という現象を捉え，その上で解決を試みようとするものが統合であると言える。すなわち，先に人間は他の人々と相互作用を行う時，自分自身と相手とを含む全体状況とも相互作用していると述べた。自分の行為は全体により決定づけられ，またそれと同時に全体を形成している。このプロセスの中で個人は自らの目的や意思，欲求を変化させていく。対立もまた，こうした円環的反応の一つの形態であると考えられる。プロセスが展開していくためには，常に互いの相互作用から新たな価値が生まれる必要がある。対立の解決方法のうちの支配と妥協は，この新たな価値を生み出すことはない。なぜなら，既存の価値の存続，あるいは互いの価値の攘歩を意味しているにすぎないからである。

それに対し，統合は互いの価値を相互に浸透させ，新たな全体的価値を生み出すプロセスであるとフォレットは考えている。すなわち「集合的観念」と「集合的意思」を生み出すプロセスであると言いかえてもよい。これによって初めて，その対立的状況は，次なる状況へと全体を進展させていくことができ，また個人も新たな段階へと成長しうる可能性を含んでいるのである。つまり，対立の「統合的解決」こそ全体状況の進展と個人の成長にとって必要不可欠な要素であると考えられるのである。

フォレットは「統合」を，対立の解決方法の一つという形で述べたにすぎないが，筆者は彼女の概念体系の中で必要不可欠な要素として位置づける。つまり，フォレットは社会を動態的プロセスとして描くために円環的反応という概念を提示した訳であるが，そのプロセスにおいて対立は，ともすれば社会をゆるがし発展を阻害するほどの力にもなりうる。これを，真に解決し，次なる状況へと社会を進展させていくためには「統合」という解決が必要不可欠となる。つまり，対立と統合はまさに社会プロセスの動態化の源泉となるものである。フォレットは「対立の状態」を見れば，その「状況の質」が判断できるという。つまり，われわれは対立を何とか解決すると，また次なる対立へと向かって段階的に発展している社会に生きているとも言えるのである。この点に着目したところに，フォレットの組織の動態化理論の大きな特色があるとともに，革新主義というこの時代の精神を反映しているとも言えよう。

さて，フォレットは，このような統合の実現に際して，「高度の知力，鋭い洞察力，相違に対する識別力および特にすぐれた創意工夫力が必要である」と言う。[27] つまり，統合とは，対立といういわば感情的な行為を「理性的な過程」として再度捉え直す時に可能となるとも言える。彼女は統合の実現に際し，対立の当事者である人間の創造性に強く期待していた。しかし，それと同時に，統合を阻害するのも人間であることを見逃さなかった。統合に対する障害とは次のようなものである。

第一には，われわれはこれまでの習慣から相手を支配することを楽しむように慣らされていること。第二には，紛争ないし対立の対象を提示された活

動とは見ないで，それに対して理論づけしようとする人びとが多いこと。第三には言葉の問題——使われる言葉が対立を激化させる場合もあること。第四には指導者の不当な暗示や影響力。これらにより，統合の機会を見逃してしまうことが多いとフォレットは指摘する。

　彼女は，統合を成立させるために，その状況に関わる人びと一人ひとりの「責任」を重視する。つまり，一人ひとりの行為が主体であると同時に客体となり，その状況変化への大きな役割を果たしていることをわれわれが自ら認識した時，はじめて統合への道が開かれるのである。彼女は言う。「自らを一つの状況に順応させないこと——というのは，われわれは，そのような言葉に表現されている以上にこの世の中にとってもっと必要な人間である。さらにまた，状況をわれわれの好みに合わせて形づくらないこと——というのは，われわれ，あるいはわれわれ一人ひとりは，そういった点ではこの世の中に対してあまりに重要でなさすぎる。」[28] フォレットは，あくまでも，状況とそれに関わるわれわれ個人が同時に存在し，共に変化するというプロセスの中で，統合の可能性を摸索することの必要性を主張したと言えよう。

(3)　創発

　先に，フォレットの事実認識の特色であるプロセス思考について考察した。そこで述べたことは，フォレットの社会プロセスとは「相互作用」「統一体化」「創発」という三つの局面が同時に展開される場であるということであった。われわれは，本節の(1)(2)において主として「相互作用」という局面を考察した。つまり，円環的反応と，そのプロセスにおいて生ずる対立の統合的解釈を考察してきたのであるが，そこで理解されたのは，全体状況が展開するためには，統合による新たな価値の創発が不可欠であるということであった。次にわれわれは，この「創発」(emergence) そのものについて考察しておきたい。フォレットは次のように述べている。

　　「創発」は，何か新しい物事が発展過程に現れた場合，その新しい物事を指すために，毎日ますます科学者に用いられるようになってきてい

る。モーガンは創発的進化（emergent evolution）について，スポールディングは創造的総合（creative synthesis），ブロードは創発的活力（emergent vitalism）について述べている。創発している（emerging）とか創発的（emergent）という言葉は最も一般的に用いられているように見える。これらの言葉の意味するものは，何か新しいもの，過程のなかの前進的特徴ということである。さらに，これらの哲学者や科学者は，創発的パターン，すなわち，複雑な創発的全体は，構成要素の，相互作用や関係づけにより形成されるという点で合意している。このことを，われわれは毎日，企業経営において見ているのである。あらゆる状況で，方針や政策が，前進的に成功している場合には，それは，科学者の言う「相互作用的な累積（interactive accumulation）」の結果として生じているのである。[29]（傍点は引用者）

　フォレットは，人びとが相互作用を行うことによって生ずる「プラスの価値」というものを重視していた。これは「有機体」あるいは「統一的全体」に関心を持つものの共通点であるとして，ホワイトヘッドの哲学をこの代表としてフォレットは重視した。[30]

　村田晴夫が『管理の哲学』において指摘しているように，「ホワイトヘッドがその有機体の哲学を完成させて行くのは，1924年にロンドンからアメリカのハーヴァード大学に移ってから」[31]のことであるというが，フォレットが自らの思想を完成させていくのも1920年代から30年にかけての時期である。特に創造性への深い関心は，その書名からも明らかなように，1924年の『創造的体験』においてすでに明確に示されている。この時点ではまだ彼女は，「創発」という用語を用いてはおらず「発見（invention）」あるいは，「進歩的統合（progressive integration）」[32]という言葉を用いて，相互作用から「何か新たなもの」[33]が生まれることをあらわそうとしている。

　フォレットは，互いに対立する利害が存在している場合，これらを対比して観察することが，まず必要であるというが，新たな価値は単なる観察（viewing）からは生じない。これは，検分（inspection），内省（introspection），

3 フォレット理論の主要概念の検討　　103

回顧（retrospection）のプロセス以上のものであるという。[34] また，新たな価値を認識するということは，最初の価値に対する自分の態度を変化させるという行為をも含むものである。つまり，相互作用を通じ行為を通じてのみ，人びとは価値を認識し互いの利害を評価しうるのであり，そのことによってのみ新たな価値を生み出し，これを認識することによって，互いの行為も変えることができるのである。

　フォレットは「価値」を「結果的に起こりうる事がら（eventual things）」と規定している。そしてこれに先立つ「経験」こそ，あらゆる物事の基準を創造するものであるとしている。[35] つまり前章のプラグマティズムとの関わりで検討したように，フォレットによれば，価値とはわれわれを離れたところに存在する一定の基準ではなく，われわれの経験に根ざし，相互作用を通じて日々新たに生み出され，行為により変化させられていくものであると認識されている。そして，こうした価値が常につくり出され，生み出されるプロセスを「創発」という言葉に含意して，1927 年の論文「統制の心理」で明確に示したと考えられる。[36]

　さて，1927 年の論文において，フォレットはホワイトヘッドの「創発性」ということや「価値」への着目を高く評価しているが，ホワイトヘッド自身は実際にこの 2 つの概念をどのように表現しているのであろうか。この点を，フォレットが影響をうけたと考えられるホワイトヘッドの『科学と近代世界』に基づいてここで検討したい。[37] ホワイトヘッドは『科学と近代世界』の中の「ロマン主義的反動」の中で次のように述べている。

　　万有をうち貫き，実在するものの性格それ自身に内在する一事実は，事物の推移，すなわち，ものが一から他へ移り変わることである。この移り変わりは，離れ離れの存在が単に一列にならぶことではない。われわれがある限定された存在をどのように固定しても，最初選んだものがそれ自身を超えて移り変わることによってそこへ融けこんでしまう，もっと広い限定もつねに存する。自然の全体相は進化的膨張の相である。わたくしが出来事（event）と呼ぶ統一体は，あるものが現実態へと創

発すること（emergence）である。このように創発するあるものをわたくしはいかに特徴づければよいであろうか。そのような統一体に与えられる「出来事」という名は，現実の統一性と結合した内在的流動性に注意をひきつける。しかしこの抽象的な言葉では，出来事の実在という事実がそれ自体何であるか，を特徴づけるに不充分である。……価値，価値的であること，価値を持つこと，それ自身として目的であること，それ自身のために在るものであること，という要素が最も具体的現実的なものである出来事を考えるさいに省略されてならない，ことをただちに知るのである。「価値」（value）という言葉をわたくしは出来事それ自身に固有な実在を表わすものとして用いる。……実現（Realization）とは本来価値の達成なのである。しかしたんなる価値というものはない。価値は限定から生じるものである。明確な有限存在とはこの達成をかたち造る選ばれた様態である。このようにかたち造られ個々の事実となって現われることを離れて，この（価値）達成はありえない。[38]（傍点は引用者）

　以上のように，フォレットもホワイトヘッドも共に，「価値」というものを，事実や出来事と関わらせて考えていることが理解できる。つまり，価値とは「実現される出来事（あるいはその特性）」を示しているものであって，事実を離れては価値の達成はあり得ない。逆に言えば，ある出来事が達成される（実現される）時には，その出来事にはそれ自体で固有の価値が実現されていることになると考えられる。フォレットもホワイトヘッドも共に，こうした新たな出来事が生ずること——ホワイトヘッドは「あるものが現実態になること」——を「創発」という言葉で表現したと考えられる。フォレットは，このことをさらに行為あるいは活動，相互作用に関連させて，人々の統合に到る相互作用を通じて，それ以前とは異なる価値（出来事）が生ずることを「創発」と呼んだのである。このことをより具体的に理解するために，フォレットが挙げた例示を示しておこう。

ある購買担当者が，多少質は劣っているがそれを使用する目的には十分適している材料を買うように提案する。そして彼は，実際に支払ってきたよりも安い価格でその材料を入手できる。しかし，製造部長は，そのような材料では満足な結果が得られないと言う。この製造部長の希望通りにするには，どちらの方法にすべきであろうか。おそらく，この意見の相違のために，購買担当者は，価格がより安く，しかも製造部長に満足な結果を与える材料をもっと体系的に探し求めるようになるであろう。これが統合となるのである。そして，この場合に，しばしば統合に引続いて三つの結果が生じることに注目してほしい。つまり，双方とも満足する，状況が改善される——すなわち，製品の質を下げないで原価を低減する——，そしてやがてこの特定の目的に対して当該産業中にこの材料が用いられるようになるという点で，もっと広範囲にわたる価値，社会的価値を生じることがあり，やがてはまた消費者に対して価格の引下げとなる。[39]（傍点は引用者）

以上の例示が示しているものは，前(1)(2)項で述べた円環的反応，対立と統合を経て，新たな価値が創発されていくプロセスである。フォレットは，このように，社会的現象の中で常に問題解決の統合的プロセスの可能性がありうることを示し，それによって状況が展開されていくという社会の動態的プロセスを示したのである。以上のことから，創発とは，組織の動態化を説明するに際してのフォレットのキーコンセプトであると考えられる。

(4) 統合的統一体あるいは機能的統一体

これまでの考察を通じて，われわれは，フォレットの組織の動態的プロセスについて検討してきた。彼女はまず人びとの相互作用を「円環的反応」という概念で表現し，その過程で生ずる「対立とその克服」に着目しそこから新たな価値が「創発」することを示した。次にはこうして形成される「全体」について考察しておきたい。

フォレットが統一的全体の理論を初めて明確な形で取り扱ったのは『創造

的経験』の中の「最近の心理学を参照した上での経験——ゲシュタルト概念——」という章においてであった。ケラーを代表として，ヨーロッパとアメリカで当時興隆してきていた「ゲシュタルト心理学」の成果を，フォレットは高く評価した。彼女は，ゲシュタルト学派の際立った特色を次のように指摘している。第一に，ゲシュタルト学派は現象の「そうである(so-being)」という性質より，むしろ「そのように機能している（so-functioning)」という性質を示している。第二に，すべての精神状態は構成部分の「絶対的」性質とは異なる特有の性質を有するということを指摘していること。第三に，こうした総体の生理学的な相関，つまりゲシュタルト現象の基礎となっている生理学的構造それ自体ゲシュタルトである，という三点である。[40] フォレットは，ゲシュタルト学派が「部分の性質とは異なる全体の性質」に着目したことを，そして，当時の社会が熱狂的にそれを受け入れているという事実を評価している。つまり，そのような考え方を社会が要求しているという時代状況に，フォレットは強い関心を示している。このような時代にあって，社会科学はあまりに部分のみに注意を払ってきたのではないかという疑問をフォレットは抱き，自ら社会学的研究にゲシュタルト学派の成果を組み入れようと試みたのである。

　しかし，フォレットは無批判にこれを受け入れるのではなく，ゲシュタルト学派の持つ限界も認識していた。彼女は，ゲシュタルト学派の理論の問題点を次のように挙げている。その第一は，ゲシュタルト学派は，結果としての全体そのものにのみ過大な注意を払い，全体が形成されるそのプロセスに注目していないこと。第二に，ゲシュタルト学派は「全体は部分の総和以上(over)」という表現を用いることである。すなわち，全体を部分より以上に優れたもの，あるいは，より大なるものと考えることは危険であることをフォレットは強く主張するのである。それはフォレットの次の言葉の中に象徴的にあらわれている。「もし，われわれが国際連盟に反対している人々の精神構造を部分的に分析できるなら，彼らはアメリカより『さらに大きな』国際連盟におそらく恐怖を抱いており，私が考えるに，これが本当であれば正しいのだが，彼らは，『全体』を必然的に部分より『より以上』になるに

違いないと考えているということを理解するであろう。合衆国は一つの州より大きいのか。否。それは異なるものである」。[41]（傍点は引用者）

第三の問題点は，第二の点と関連して，ゲシュタルト学派が全体を部分の総和以上のもの，あるいは超越的なものと考えているために生ずる静態的思考である。つまりフォレットは，「超越的全体」という性格はしばしば静態的な（static）性格を持つということを指摘する。

このような，ゲシュタルト学派の問題点を踏まえた上で，フォレットは全体を動態的に把握することの重要性を強調したのである。まず彼女は，全体を考えるにあたって，「部分と全体との関係」をも含めて考察しなければならないと言う。ここにおいて，前述の「円環的反応」という考え方が重要となってくる。つまり，部分と全体との間には常に円環的反応という相互作用があり，全体もこの「プロセスの一部」として捉える必要がある，ということである。われわれは応々にして，全体，あるいは統一体というものを相互作用の「結果」として捉えてしまう傾向がある。しかし，これは誤りであることをフォレットは指摘したのであった。

フォレットが，全体を「超越的なもの」あるいは「静態的なもの」として捉えることを否定し，「動態的なもの」として握まえようとしたことは，価値との関連においても重要な意味を持つ。この点に関して，フォレットは次のように言う。

>　……もし，全体の超越的性質に固執しなければ，ゲシュタルト心理学においてわれわれが今まで有していたよりも，さらに鋭い価値の学説（心理学的，社会学的双方において考慮された）を，われわれは見出しうるであろう。このことは，社会科学の研究者にとって最大限重要である。というのは，どのような社会的状況ににおいても，その構成要素となっている活動に分析を進めることがいかに必要であろうと，われわれの仕事の一部分は，価値単位（value-units）を発見すること，すなわち……部分の価値の総和とは異なる，部分の価値とは同じやり方では取り扱えない全体の価値（whole-value）を発見することなのである。この価値

単位，利害単位（interest-unit），願望の単位（desire-unit）を見ることは，社会科学にとって有効な方法であるにちがいない。この創発を促進すること，これらの単位の有効性を受容しこれに基づいて行動することは，産業の，あるいは国際関係のあらゆる調整者の基本的課題である。……そして，われわれを原子論的な価値から遠ざける全体的単位は，超越的価値でも静態的価値でもない。というのは，それら（全体的単位）は，個別的価値（individual values）を継続的に，相互に編み上げること（inter-knitting）によって，まさにその存在を得るからである。[42]（傍点は引用者）

ここでフォレットが主張したのは，全体というものは，それが個より「上にある」あるいは「超越的存在である」ために注目されなければならないというのではなく，それが個の価値とは異なる価値を持つために注目されねばならないということなのである。それと同時に，価別的価値がいかに相互作用し合って全体的価値へと交織されていくかというプロセス，つまり，個から全体への価値の統合プロセス，すなわち「集合的観念・集合的意思」の形成プロセスに注目することの重要性を主張したと思われるのである。

こうした考え方に基礎づけられて，フォレットは，社会プロセスを価値の統合プロセスと捉え，より具体的には，政府，企業，国家などの組織体を「統合的統一体」（integrative unity）として把握したと理解できる。

さて，このように，一方で「統合的統一体」として性格づけられた「全体性」の特徴は，他方では「機能的統一体（functional unity）」としても特質づけられている。従って，「全体性」を理解するためには，この側面をあわせて検討しておく必要があろう。

第3章2節において，われわれはフォレットの「全体と個」に関する基本的な考え方について述べておいた。そこでの考察をふり返っておくと，フォレットにとって全体と個は決して切り離しては考えられないものであった。そして，全体の中で個性を発揮することは「全体における自分の場所（place）を見出すこと」とされていた。この「場所」とは，時間と空間の中

に静態的に位置づけられる「点」ではなく，個と個，あるいは全体と個の相互作用のプロセスを通じて，動態的に，そして絶えず出現してくる自分の「役割——活動——」であり，これが，フォレットの言う「機能」であると筆者は理解した。[43]

「機能的統一体」として特色づけられているフォレットの全体性の考え方は，このような点を反映しているといえる。つまり，統一体を形成していくものは前述のとおり円環的反応であるが，その行為は全体との関係の中では，ある「場所」を占めている，つまり，何らかの機能や役割という形をとって現れている，とフォレットは考えている。こうした機能としての行為が，相互に浸透し合っているものとして統一体を捉えていこうとするのが「機能的統一体」という考え方である。

「統合的統一体」という概念が，個の価値を全体の価値へと結びつけていく，いわば「価値の交織の動態的プロセス」を表現するものであったのに対し，「機能的統一体」という概念でフォレットが表現しようとしたのは，「全体の中での個の活動の意味とその活動の全体への関係づけのあり方」ということであった，と筆者には理解できる。

また，この「機能的統一体」として全体を捉えたことは，「組織と人間」「社会プロセスと人間」とのかかわりを述べる際に大きな意味を持っていると思われる。というのは，前述の「全体の中での個性の発揮」ということが，この「機能」と深くかかわってくると考えられるためである。つまり，フォレットによれば，個は全体の中である機能を果たしてこそ，相互に結びつき全体を形成していく主体としての個性を発揮できる。そして，それと同時に，先述のように，この機能の中に全体そのものの反映があるということから，機能を果たすということが「組織と人間」あるいは「社会プロセスと人間」を結びつける重要な接点となっていると考えられるのである。[44]

フォレットは，このように「統合的統一体」「機能的統一体」という概念によって，個と全体が——より具体的には個人の行為と社会的プロセスが——動態的に関係づけられるところに初めて成り立つ「統一的全体」の姿を描いたと思われる。そしてこの「統一的全体」もまた，相互作用の「プロ

セス」であって，結果ではないことを繰り返し主張したのであった。こうしたフォレットの論調には，個の軽視ないし無視によって成り立つ全体性の強調という色彩はない。それと同時に，個の過度の強調，あるいは個と全体の安易な統合可能性も見られない。ここでフォレットが述べたかったことは，社会的プロセスを認識する際に，「個と全体がいかに動態的に関係づけられていくか」という側面に最大の注意を払う必要がある，ということであったと考えられるのである。

(5) 状況の法則

われわれは，社会プロセスを認識する際のフォレットの主要概念について検討を加えてきた。繰り返し述べてきたように，フォレットにとっての「概念」とは，現実を把握するための単なる静態的な枠組ではない。人間は概念を通じて現実を認識すると同時に，それらが自らの行動に影響を与え，またその行動によって概念そのものも現実にそくして変化していく，という「動能的概念」をフォレットは提示しようとしていたと考えられる。従って前項までの考察において，われわれが行ってきたことは，フォレットの事実認識の基本的枠組の検討と同時に，人間の社会的行動の姿そのものの記述であったともいえるであろう。

本項で取り上げる「状況の法則」は，こうしたフォレットの概念的特徴を最も明確に，そして包括的に表現していると思われる。従来「状況の法則」はフォレットの「概念」として取りあげられるよりも，むしろ彼女の提唱する「管理の原則」あるいは「規範」として扱われることが多かった。フォレット自身，この「状況の法則」について明示的に述べているのは「命令の授与」という論文においてであり，ここで彼女は，命令の持つ個人的（人格的）特性を切り離し，「状況の法則」を見出し，これに従った命令を下すあるいはこれに従うことが必要である，という主旨のことを述べている。このようなフォレットの論述が，読む側にとっては，「人格的命令よりは状況の法則に従った命令の方がよい」とか「そうすべきである」，という論調になりがちであることは否定できない。またフォレット自身，「状況」とは何

か, 「法則」とは何か, ということを詳細に定義づけていないことから, 極めて曖昧な解釈を可能とさせてしまっているように思う。

しかし, 筆者はこの「状況の法則」は, 前項までに述べてきた「円環的反応」「対立」「統合」「統合的（機能的）統一体」「創発」などの諸概念を包括し, より具体化させている「動態的概念枠組」の一つであると考えている。従って, フォレットの基本的かつ主要な概念をまとめ, 相互に関連づけながら「状況の法則」の意味を改めて検討してみたい。

先の考察で明らかとなったことは, フォレットによって把握された「社会プロセス」は, 個々人の円環的反応によって成り立つというものであった。人は, 他者と相互作用し, それと同時に自己と他者の互いの関係そのものとも相互作用を行う。ここに「統一的全体」が生ずるが, この円環的反応のプロセスを通じて, 人びとは互いの欲求を追求し, 価値の実現を目指す。この際に対立は不可避であるが, これが統合的に解決されることによって, 新たな価値が創発され, 社会プロセスは進展していく。こうした社会プロセスは, 人びとの日常生活の中で形成され展開されていくものとフォレットは捉えているが, 単に自然発生的に無意識のうちに調整されていき, 全てが円滑に進展するとは捉えていない。先に述べたとおり, 民主主義を目指す社会であればある程, 優れたリーダーシップが要求され, 意識的な管理という機能が必要となる。このように, 社会プロセスを調整する管理機能の中心となるのが「状況の法則」(law of situation) に従うことなのである。

「状況の法則」という言葉は, 色々な意味合いで受け取ることができる。消極的に考えれば「その場の成り立ちに任せる」という意味にもとれるであろう。しかし, フォレットはこれを積極的に, 「科学的管理」の目指すものであるとすら主張する。つまり, 科学的管理というものは本来状況を分析し, その「客観的事実」を把握し, そこから状況の要求を発見することを目指している, と彼女は解釈したのである。彼女は, 社会プロセスをより円滑に進展させ, かつ, 個々の人間の個性を伸ばし, 人間的成長を促す場として「状況」というものを積極的に捉えようとしたのである。

それでは「状況」とはいかなるものなのであろうか。フォレット自身はそ

れを明示してはいないが、フォレットに極めて類似した立場から「状況」というものに注目し、これを哲学的に分析しているのが同時代のプラグマティズム哲学者J. デューイである。そこで次に、デューイの考え方に依りながら、フォレットの「状況」というものの意味を検討していくことにしたい。

　フォレットとデューイの最大の共通点の一つは、人間の「経験」に着目し、この経験が相互作用し、統一的全体を作り出していく場が「状況」であると捉えた点にある。谷口忠顕は『デューイの習慣論』の中で次のように述べている。

> デューイにおいて「経験」の統一性を認識する標準となる原理は、《連続性》の原理と《相互作用》の原理とである。《連続性》(Continuity) の原理は、「習慣」の事実を基礎とする人間経験の時間的かつ歴史的なタテの原理であり、《相互作用》(Interaction) の原理は個人と環境とが働き合う空間的かつ地理的なヨコの原理である。この二大原理が最も鋭く統合する経験の機能的な場が「状況」(Situation) であるから、逆に言えば経験の場としての「状況」は、それ自体認識の原理としての《連続性》と《相互作用》とを含んでいると言える[45]。

　すなわち「状況」は、過去から連続して築き上げられてきた「習慣」が、新たな経験的素材である自然や他の人間や社会と出会い、相互作用する場として捉えられるのである。フォレットが経験を自己維持 (self-sustaining) と自己回復 (self-renewing) のプロセスとして捉えていることはすでに述べたが、デューイも、これと極めて類似した考えを持っている。彼は経験を「習慣の原理」と「探求の原理」の統一として捉えている。ここでいう習慣とは「反応の仕方や様式に対する後天的な準備傾向」(an acquired predisposition to ways or modes of response)[46] であるとされており、ある行為の機械的反復を示すものではない。すなわち、人間は自らの過去の経験を通じて、一定の反応や様式のパターンを有し、これによって自分の「性向」といったものを形成している。しかし、そうした決定づけられた習慣の

上に，絶えず目的を持ち，それに向けて自ら創造していく「探求的」側面を持っている。これによって人間の自由意思が実現されるのである。この両者が統一される場が「状況」であると考えてもよいであろう。

　個人の習慣というものは，デューイによれば，行為（Acts）として表面にあらわれているものばかりではなく，その下層に「衝動」「性向」「インタレスト」「欲望」「諸目的」などの個人的特質が「垂直的に」存在しており，それらの統合物が，行為を通じて周囲の自然や社会環境という「水平的」な環境と相互作用することによってコントロールされ，経験となっていく。彼によれば，統一的な人格とは，統一的な経験によってもたらされる[47]と言われるが，この経験の統一性をもたらしうる場こそ「状況」なのである。そして，上記の習慣の内的・外的なコントロールが重要となるのである。

　フォレットの「状況」とは，こうしたデューイの考え方と極めて近いものであると筆者は考える。彼女は，経験というものを自己維持と自己回復のプロセスとして捉え，それ自体で統合的な性格を持っていると考えた。彼女はデューイのように「習慣」という概念をここで設定してはいないが，行動が「内部的かつ外部的に」調整されるということを指摘し，それがある様式を形成しつゝ，周囲との相互作用（円環的反応）を行うことによってコントロールされ，さらに新たなものとして創造されていくということを重視していた。ここで行われるコントロールが「状況の法則」という意味であると，筆者には考えられる。この点を明らかにするために，さらにデューイの考え方を検討してみよう。

　彼によれば，個人が具体的に経験を行う場である状況が向上的に発展していくには，個人の側における「セルフ・コントロール」[48]と社会から個人の行為に働きかける「ソーシャル・コントロール」が互いに統合される必要があるという[49]。これらの統合化が「状況」ごとに更新され，修正されることにより習慣のリズムとバランスが創り出され，個人の創造的成長と共に状況の向上的発展につながるとされるのである。

　さて，それではここで言う「セルフ・コントロール」及び「ソーシャル・コントロール」とはどのようなことを意味するのであろうか。まず「セル

フ・コントロール」は習慣を形成している個人の「衝動」「インタレスト」「欲求」「諸目的」などを自らコントロールすることを意味している。それに対して「ソーシャル・コントロール」は，デューイ自身の言葉を借りれば次のように示される。「各自が自分の行為の結果を他人が為しつつある行為に関係あるものと見，また他人の行動の結果が自分自身に影響してくるということを予期してやっているのであるならば，そこに共通精神（a common mind）すなわち行為における共通意思があるのである。このとき，多数の共同行為者の間に理解があり，この共通理解（common understanding）が各自の行為をコントロールするのである。」[50] すなわち，「共通精神」や「共通理解」といったものが社会――コミュニティー社会――には存在しており，それが個人にコントロールを要請するのである。

しかし，このような社会的要請は個人を強制し，自由を束縛するものではない。デューイが主張するところは，個人は社会的役割を自ら引き受けることによって自らの行為に責任を持ち，そのことにより自らコントロールしていくことにより，自由を実現するということなのである。こうして，デューイの場合，セルフ・コントロールとソーシャル・コントロールは相互に結びついている。

以上のような考え方は，先に述べたフォレットの「主体的機能化」あるいは「機能的主体化」という役割遂行の考え方を説明しうる論理になっていると考えられる。そして「状況の法則に従う」ことの意味を示しているとも言える。というのは，フォレットにとって個人は社会的機能を自ら見出し，これを引き受けることによって自由となりうると考えられていたが，それを実現しうる場が「状況」であると考えられるのである。この状況とは，人びとの相互作用により共通意思――フォレットによれば「集合的観念」と「集合的意思」――が存在する場であり，個人は，これらを自覚しつゝ，自らコントロールして社会的機能を果たし，自由な「個人」となる。そして，それと同時に「状況」全体もコントロールされていくと考えられるのである。

デューイによれば，この「状況」を統一化させるものが「目的」の形成とその実現であるというが，フォレットもまた，「状況の法則」において「目

的形成」と「実現」の両者を含む調整プロセスを重視している。

以上の考察から，フォレットの「状況の法則」は，個の経験を統一化させると共に，それを社会全体の経験へと展開させ，統合的統一体——機能的統一体——を作り出していく動態化プロセスの重要な一側面であることが理解できる。さらに，「状況の法則」は，個人の自由というものを希求する道でもあるが，このことについては次章の「フォレットの管理論」において再度述べることにしたい。

4．おわりに

以上，本稿においては，フォレットの独自の認識方法について検討し，それを踏まえて，彼女の理論の基礎概念について考察してきた。彼女の認識方法はその思想的基盤を大きく反映し，認識対象と主体とを切り離さず，行為を通じて認識主体と対象とが相互作用し，それによって事実が認識され，たえず概念化され続けていくというプロセスとして特色づけられるものであった。こうして形成されてきた彼女の概念を筆者は「動態的概念枠組」と呼び，彼女の基礎的な概念について検討した。この章を結ぶにあたり，これらの諸概念の関係を再度示しておくことにする。（以下ゴシック体で概念を示す。）

彼女は組織の動態化プロセスを描く際の最も基本的概念を**円環的反応**として表現した。これは人びとの相互作用であるが，彼女はここで「作用－反作用」や「刺激－反応」といった直線的行動ではなく，当事者双方が互いに相手との「関係」そのものにも反応して，統一体を形成していく状態をも含めて描こうとした。そしてこのことにより，組織を個人の行為の交織のみならず，相互に絡み合う価値や欲求の交織のプロセス，すなわち「集合的観念」や「集合的意思」の形成プロセスとして描きうる基礎を作ったと言える。

さて，相互作用は常に円滑に進展していくとは限らない。個人にはそれぞれ異なる欲求があることを認めるならば，当然**対立**は生ずる。フォレットは

対立に積極的意味を与えた。対立は支配や妥協ではなく**統合**によって解決される限り，当事者双方が満足する新たな価値が**創発**され，組織は動態化していくのである。こうしたプロセスを全体として把握した概念が**統合的統一体・機能的統一体**である。フォレットはこの二つの概念によって「個と全体」とのかかわり方の二つの側面を明らかにしようとした。このような組織の動態化プロセスが調整されていく過程が**状況の法則**に従うことであった。

　以上のように，フォレットの基礎的概念を捉えた上で，それを踏まえて，次章では，彼女の組織論と管理論について考察していくことにしたい。

注

1 ）Follett, *C. E.*, pp.57-58.
2 ）Follett, M. P., "Community is a process," *Philosophical Review*, ⅩⅩⅧ (November, 1919), p.576. （以下，"C.P." と表示。）
3 ）*Ibid.*, pp.581-582.
4 ）Follett, M. P., "The Psychology of Control", Metcalf, H. C. Ed., *Psychological Foundation of Business Administration*, A. W. Shaw & Co., (McGraw Hill), 1927.
5 ）Whitehead, A. N., *Process and Reality : An Essay in Cosmology*, 1929, corrected ed., The Free Press, 1978, p.211. （平林康之訳『過程と実在Ⅰ, Ⅱ』みすず書房, 1981 年, 311 頁。）
6 ）*Ibid.*, p.210. （上掲訳書, 310-311 頁。）
7 ）*Ibid.*, p.214. （上掲訳書, 317 頁。）
8 ）*Ibid.*, p.215. （上掲訳書, 318 頁。）
9 ）Follet, "C. P.", p.584.
10）Follet, *C. E.*, p.3.
11）*Ibid.*, p.11.
12）*Ibid.*, p.54.
13）*Ibid.*, p.135.
14）*Ibid.*, p.138.
15）*Ibid.*, p.51.
16）*Ibid.*, p.141.
17）*Ibid.*, p.145.
18）*Ibid.*, p.146.
19）Follet, D. A., p.194.
20）Follet, *C. E.*, p.73.
21）*Ibid.*, p.76.
22）Follet, *D. A.*, p.30.
23）フォレットが統合の最も簡単な例としてあげているのは次のような話である。「私はある日，ハーバード大学の図書館のとっても小さな部屋で，窓を閉めておきたかった。しかし他の人は窓を開けたがっていた。そこでその人は，誰もいない隣の部屋に行って窓を開けた。これは，二人ともそれぞれ，希望が満たされない面がなかったので妥協ではない。・・・この場合，私は閉めきった部屋を望んだのではなく，北風がまともに吹きつけることを免れたかったのである。

それと同様に他の人も，この部屋の特定の窓を開けたいというのではなく，ただ，部屋にもっと外の空気を入れたかっただけなのである。」（*Ibid.*, p.32.）
24）*Ibid.*, p.38.
25）Follett, *C. E.*, p.164.
26）*Ibid.*, pp.163-164.
27）Follett, *D. A.*, p.45.
28）*Ibid.*, p.49.
29）*Ibid.*, p.198. なお，モーガン（C. Lloyd Morgan）は19世紀末から20世紀にかけて活躍したイギリスの心理学者，スポールディング（Edward G. Spaulding）は20世紀初めのアメリカの哲学者，ブロード（Charlie D. Broad）は20世紀前半に活躍したイギリスの認識論学者・哲学史家。
30）*Ibid.*, p.200.
31）村田晴夫『管理の哲学』文眞堂，1984年，200頁。
32）フォレット自身は'invention'という言葉をあまり好まない。なぜならば，それには"偶発性"という意味が非常に大きく暗示されているからであると言う。(Follett, *C. E.*, p.127.)
33）「全体の総和より以上のもの」ではなく，「何か新たなもの」である点が注目すべきところである。
34）Follett, *C. E.*, p.172.
35）*Ibid.*, p.172.
36）Follett, M. P., "The Psychology of Control," Metcalf, H. C. Ed., *Psychological Foundation of Management*, 1927.
37）村田晴夫教授は，フォレットが「統制の心理学」までに影響を受けたと推測されるホワイトヘッドの著作は『科学と近代世界』(Science and the Modern World, 1926.)であるとしている。（村田晴夫，前掲書200頁。）
38）Whitehead, A. N., *Science and the Modern World*, 1925 (Lowell Lecture), Free Press, 1967 (paper-back edition), p.93. （上田泰治・村上至孝訳『科学と近代世界』松籟社，1981年，129-130頁。）
39）Follett, *D. A.*, p.199.
40）Follett, *C. E.*, p.94.
41）*Ibid.*, p.99.
42）*Ibid.*, pp.100-101.
43）第3章3参照。
44）このことは，職務とのかかわりで，次章において再度検討される。
45）谷口忠顕『デューイの習慣論』九州大学出版会，127頁。
46）上掲書，26頁。
47）上掲書，22-24頁。このことはフォレットの「統合的行動としての経験」(Follett, *C. E.* pp.78-90)の考え方に共通するものである。
48）フォレットもまた，self-controlを重視しているが，彼女の場合は，デューイのself-controlとsocial-controlをあわせたものとして，self-controlを捉えていると筆者には考えられる。
49）谷口忠顕『デューイの習慣論』前掲書，39-40頁。
50）Dewey, J., *Democracy and Education*, New York : The Macmillan, Co., 1916, p.37.

第 5 章

フォレットの組織論・管理論

1. はじめに

　前章まで，思想的基盤，方法的特質，基礎的概念の検討というフォレット理論の基礎部分の考察を進めてきた。本章ではそれを踏まえて，フォレットの組織論・管理論を検討したい。すでに見てきたように，フォレットは政治学，哲学，歴史学等をバックボーンとしつつ，様々な社会的体験を通じて，「具体的な生活とその問題に根ざした」思索活動を展開した。そのために彼女の思想は，必ずしも体系的に整理されているとは言いがたい。著作や論文，そして講演等の随所に散りばめられた例示は，生き生きと彼女の主張をわれわれに伝えてくれはする。しかし，フォレットの思想が現代の複雑な社会状況の中に位置づけられ，われわれに一つの指針を与えてくれるべくその意義を見出していくためには，今一度，彼女の思索を理論的に整理し，概念体系を秩序だてて説明する必要があると思われる。

　フォレット自身，先に述べたように，社会的現象を固定的に捉え切ってしまえる静態的な「概念的構図」の存在を認めはしなかったし，そのような形で体系づけることはフォレットの思想を矮小化してしまうことにもなろう。しかし，前述の「動態的概念」つまり，現実との相互作用の中で変わりうるものとして「概念」をとらえるというフォレットの概念観を見失わなければ，われわれは彼女の意図をそこなわずに，今日に生かしうる可能性を見出すことができるであろう。

　フォレットの思想の核心には「個人の成長と社会の発展は同時に実現される」という信念があった。また，彼女は，個人も社会も「変わりゆくプロセ

ス」であるという基本的な考え方を持ち，一貫してその姿を描こうとした。フォレットの生きた時代からほぼ一世紀に近い時が過ぎ，社会は確かに変わり，個人の価値観も変化し続けているように見える。そして，この変動の中でわれわれは自らの行動指針を見失い，社会を見る冷静な視点を失って，ただ混沌とした情勢を目の前にして立ちすくむか，あえて混沌たる状況に身を委ねようとすらしている。こうした現状の下で，われわれは「変動する状況」をその動きのままにとらえこの状況に自ら生きるための何らかの理論的基礎を持つ必要があると考える。そのための一つの可能性を本章では示してみたい。

　フォレットは，当初は政治学を志すものとして，地域コミュニティーや国家の問題に取り組んでいた。しかし後年は経営者の集会などに招かれ，講演をすることも多くなった。企業という産業組織が社会的影響力を日増しに強めている時期のアメリカ社会にあって，研究の対象は必然的に企業を中心に行われることが多くなった。しかし，先のフォレットの問題意識を考慮するならば，彼女の理論は企業のみの組織論や管理論にとどまるものではなく，広く社会的レベルを包含しうるものである。そこで本章では，現代社会に存在する多くの協働体系一般に相通じるものとしての組織論，管理論として提示することとしたい。

2．フォレットの組織論

　企業，地方自治体，政府，国家，そして家庭，近隣集団，ボランティア・サークル，これら，人びとの集団を「協働体系」と呼ぶなら，フォレットにとってこれらの協働体系はすべて，社会プロセスを進展させていくための大きな要素であり，それと同時に社会プロセスそのものでもあった。これらは一般に今日では「組織（organizations）」という言葉で総称されている。われわれがこの組織を考察の対象とする時，多くの場合，「構造（組織機構）」と「行動（組織行動）」という二つの側面から検討する。この分類に従うな

ら，フォレットが考察の対象としたものは，どちらかと言えば「組織行動」であった。これは，フォレットの関心が最初から社会の動態的プロセスに向けられていたことに帰因している。フォレットは多くの協働体系に共通して存在する組織行動の動態的プロセスを描こうとしたと考えられるのである。

　この観点からここではフォレットの組織論を展開することにする。まず，フォレットの把握する組織とはどのようなものだったのであろうか。最も大略的に言うならば，それは「活動のネットワーク」であると考えられよう。この「活動のネットワーク」というものをさらに分析してみると次の四つの側面を持っていると考えられる。第一は「行動の交織」，第二は「経験の交織」，第三は「機能の交織」，そして，第四は「責任の交織」である。この四つの側面が重層的に存在し，相互に絡み合いながら，統合的に統一されていくプロセスがフォレットの描いた「組織」であると筆者には理解できる。以下，これらの四つの側面を順を追って考察することにより，さらにフォレットの組織論の特色を浮かび上がらせていくことにする。

(1) 行動の交織

　まず第一に「行動の交織」という側面であるが，これは前章で考察した「円環的反応」，「統一体化」，「対立と統合」，「創発」というプロセスとして説明できるものである。つまり，人びとが円環的反応を通じて他者と関係づけられ，それと同時に関係そのものとも相互作用を行って，統一的全体を形成していくという側面である。この際に，フォレットは，個人行動を大きく左右するものとして「欲求（desire）」の存在に注目した。人間は他の人びととの相互作用を通じて自らの欲求が触発され，これを満足することで自らのエネルギーを解放し，自ら成長するとともに自分を取り巻く状況をも進展させていくと捉えることができる。この意味で，人間行動の体系は「欲求の体系」として捉えることが可能なのである。

　しかし，個々人の欲求はそれぞれ異なることから，人間関係のうちには意見の対立や葛藤が不可避的に存在する。フォレットは，こうした対立の解決プロセスにこそ，組織を動態化させる鍵が握られていると考えた。個人の

欲求は，対立状況において他者の欲求と対比される機会を得，この状況が分析され，対立原因の究明がなされた後に，両者の欲求が互いに満たされる新たな状況が生み出される可能性が生ずる。これをフォレットは「統合（integration）」と呼び，組織の動態化の原動力と捉えた。つまり，個人行動に活力を与える欲求は，他者の欲求と相互作用を行うことで対立状態をもたらすが，これをきっかけとして，全体状況を活性化させる大きなエネルギーにも拡大される可能性が生まれる。

　フォレットは組織というものを，基本的にはこのような行動の交織として捉えていたと理解できる。しかし，ここで注意すべきことは，フォレットにとっては，行動というものは，「個人」の欲求や価値のみで決定されるとは考えていなかったことである。すなわち，個人の行動は常に周囲の環境と関係を保ち常に変化し続けている，また，周囲の環境をも変化させ続けているという意味で，個人行動と言えども，それを取り巻く状況と共に全体として考察することの重要性を主張したのである。この「行動と状況との関係」をフォレットは次のように説明する。

① 行動は内部的及び外部的に条件づけられる。
② 行動は有機体の活動と環境の活動との間の交織の関数，すなわち関係することに対する応答である。
③ この連結活動（interlocking activity）により，個人と状況は各々それ自身を新たに創造している。
④ こうしてそれら自体を新たに関係づける。
⑤ こうして我々に発展している状況が示されるのである。[1]

　以上，示してきたように，フォレットの組織像は第一義的には「行動の交織」，より明確に言えば，「行動と環境との交織」として捉えられるものである。フォレット自身，この行動の交織としての組織を，「環境複合体（environmental complex）」と表現しており，自ら環境を創造しつゝそれに適応して動態化していくという組織の姿を描いている。このような点は，K. ワイクなど現代の組織化理論にも通じる視点を用意していたと言えるのではないだろうか。

(2) 経験の交織

　第二にフォレットの組織を特色づけるのは,「経験の交織」という側面である。先に述べたように,フォレットは社会の進展にとって人びとの経験が対比され,これが結び合わせられることが極めて重要であることを繰り返し主張している。彼女は『創造的経験』において,「経験」というものを個人の「自己維持と自己回復のプロセス」として捉えていることはすでに述べた。[2] この場合の「自己」とは何かということが問題となるが,すでに第3章でフォレットの「全体と個」について考察したことを踏まえるなら,「全体と関係づけられている個」であると同時に,「全体を反映している個」の双方がこの場合の「自己」概念に含まれると考えられる。この場合,「全体」というのは,フォレットにとっては,まず「社会」であり,それを構成する「共同体」や「組織」をも含んでいる。フォレットは「経験」を,個人の自己維持及び自己回復であると共に,社会の自己維持ないし自己回復が同時に成立しうるプロセスとして捉えていたと考えてもよいのではないだろうか。

　フォレットは,社会状況を自ら判断し,それに基づいて行動する主体として人間を捉えていたが,この社会状況の判断は,その人の経験や欲望に基づいて主観的になされるものであり,普遍的な客観的状況はありえないと考えていた。そこでフォレットは,ある特定の専門家やリーダーにのみ社会的判断を委ねてしまうことの危険性を主張した。つまり,社会的な決定には,状況を構成しているすべての人びとの判断が必要であり,その前提として,そこに参加しているすべての人びとの経験が織り合わせられる必要があることを主張した。このことは事実の把握の基礎でもあり,科学的に協働を観察していく基礎となり,その結果として民主主義の実現に結びつくと彼女は考えていたのである。[3]

　以上のことが具体的に行われる場が「協働状況」であり,フォレットの捉える「組織」であったと筆者には理解できる。組織に参加する個人はそれぞれが自らの過去からの背景を持ち込み,独自の価値観を有し,それぞれの能力を持っている。これらが統一化されたユニークな全体として,個人は各々独特の行動パターンを表わすことになる。組織の中で人びとが相互作用を行

うということは，こうした互いの背景や価値観に根ざした経験を互いに対比させ，絡み合わせるということでもある。経験は一人ひとりの人間において異なるものであり，経験の差異が人間の個性を生み出しているといっても過言ではない。多くの人びとが集まって形成されている協働の場には，そこに参加している人びと同じ数だけ異なった経験が存在しているとも言えるのである。フォレットが，こうした多様な経験の統合の場として協働を捉えていたことは極めて興味深い。

　経験は人びとに個性をもたらし，その人の行動に一貫性を与える大きな要因である。しかし，個人が過去の経験に固執しているだけでは，そのひとの発展は望めない。また，自らの経験のみを強調し他の人びとの経験を軽んじたり，無視したりすれば，結果的にそれは他の人びとの存在そのものを無視することになり，一個人の支配する状況を生み出すことになる。ここに民主主義の実現は望むべくもない。経験は個人に人間的な一貫性を与えると同時に，その人を成長させる基盤ともなる。フォレットは，特にこうした「経験の創造性」というものに注目していたと言ってもよいであろう。つまり，個人個人の経験が織り合わされ統合されることによって，個人的な経験の幅が広がり，個人の経験が新たな段階へと進む。このことを通じて個人も成長していくことになる。さらに成長しつつある個々人が相互作用を繰り返すことによりその状況そのものも進展していく，こうした個人と状況，つまり個人と社会との同時的発展がもたらされる，という意味でフォレットは経験の創造性を重視していたと言えるのではないか。

　フォレットの場合，さらに注意する必要があるのは，経験というものが個人の内部にのみ蓄積され創造されるのではなく，「状況そのもの」にも蓄積されていくと考えているところであろう。つまり，個人個人が自らの経験を体系化し，分析し，他者の経験と交織させた時，そこに生まれる統合的状況には，個々の経験とは「異なる経験」が存在しているという，いわば「組織的経験」とでも呼びうるものの存在を彼女は認識していると理解できる。このことを彼女は「集合的観念」「集合的意思」と表現したとも言えよう。個人は他者と循環的に相互作用することを通じ，自らの経験を量的にも質的に

も変えていく，それと同時にこの相互作用をとりまく全体状況の「組織的経験」も変化していくと考えられる。状況の進展のプロセスとは，ある意味ではこうした「組織的経験」の変化のプロセスとも捉えられるように筆者には思える。

　では，このように組織を「経験の交織」として捉えることにより，何が見えてくるのであろうか。まず第一には，組織を時間的な流れの中に位置づける，つまり「時間的存在」として組織を捉えるということである。フォレットは，すでに見てきたように，事実というものをすべてプロセスとして捉えていた。このことを，言いかえれば，事実を時間の流れを考慮して把握するということでもある。これを協働現象について考えるならば，過去の経験の蓄積の上に現在の行動が形成され，相互作用を通じて将来ある姿を形成していくプロセスとして捉えられよう。後に，管理論のところでより詳細に検討するが，フォレットは管理者の重要な役割として，こうした「経験の調整」と，今ある状態から次なる状況へと変化していく「経験のプロセスへの着目」を極めて重視する。これは今日の言葉でいえば「組織学習」の考え方に近いともいえよう。

　「組織」を「経験の交織」として捉えることで見えてくる第二の点は，組織を「意味形成」ないし「意味解釈」の場として捉えるということである。フォレットは「経験の交織」を促進させるための具体的方法として，人びとを意識的に集め，意見を交換させ，互いの経験をつき合わせる場として「会議」（特に部門間などの横断的集まり）を重視した。ここで行われることは，個人的ないし組織的経験の持つ意味を解釈し，これを互いに分析し，評価し，調整することにより新たな意味を与えることでもある。フォレット自身も述べているように，私達の周囲には純粋に「客観的」と呼べる事柄は存在しない。われわれは，自分の経験について主観的に何らかの解釈を行い，意味づけを行って自らのうちに蓄積している。

　組織についても同じことが言えよう。つまり，フォレットの見方によれば，人びとは各々，自分の価値基準に基づいて自らの経験に意味づけを行い，それに基づいて事実認識を行っている。その限りでは主観的な認識に

すぎないが，それらの人びとが円環的反応を行うにつれて，互いの経験の意味を比較し，分析し，統合させ合うことになる。ここにおいて新たなる経験の意味づけが行われる。これにより，その状況を形成している人びとにとって，より一層共有された認識に基づく「事実」に近づくことになる。フォレットは，人びとから全く離れたところにある「客観的事実」を認めはしなかった。しかし，人びとが共有し，認識する共通の意味──集合的観念・意思──を「事実」と認めようとした。互いの経験の意味を重ね，織り合わせ，より確かな事実を求めて協働する場こそが，フォレットの捉える「組織」であった。そして，これらの考え方は，今日の言葉で表現すれば「文化」や「風土」を形成する場として組織を捉えていくことにも通じるものである。

(3) 機能の交織

さて，フォレットの組織論を特色づける第三の側面は「機能の交織」である。彼女の考え方によれば，社会は「機能的統一体」として捉えられるものであり，それと同様に，社会を構成している様々な協働体系もまた「機能的統一体」であった。すでに第3章で考察したとおり，フォレットは「機能」という言葉を，「『部分』の『全体』に対する（あるいは『全体』の『部分』に対する）役割」という意味で用いているのみならず，「全体と部分とを関連づける活動そのもの」という意味でも用いている。機能的統一体としての組織あるいは社会は，個人個人が社会の中で自らの役割を引き受け，それを活動としてあらわすプロセスであると考えられるのである。

このことをより具体的に考えてみれば，人間が企業をはじめ多くの協働体系に属し，そこでの「職務」を遂行していくプロセスとして捉えられるであろう。われわれはここで改めて「職務」と「社会的機能」の関係ということを検討しておく必要があると思われる。なぜなら「職務」は一定の協働体系の目的から導出される分担された活動であり，ともすれば社会とのかかわりとは切り離されて考えられてしまう可能性を含んでいるからである。しかしフォレットにとって，個人の職務の遂行と社会的機能の遂行とは，決して切り離すことのできないものであった。つまり，個人は何らかの形で社会的

機能を遂行する存在であるが，その具体的な発現の場こそ協働体系であると考えられたのである。そこで，われわれが「機能の交織」としての組織を考える場合，この「機能」を単なる企業などの「職務」としてのみ捉えることなく，社会とのかかわりの中に位置づける必要がある。この点に関するフォレットの主張を見ていこう。

フォレットは1925年11月に発表された論文「専門的職業(プロフェッション)となるために，企業経営者はいかに開発されるべきか？」の中で「サーヴィスの意味──機能」という章を設け，機能について具体的に展開している。[4] ここで彼女は社会における人間の機能としての「職業（occupation）観」を提示している。

フォレットは，人間が社会的活動を行うことの根本に，まず「サーヴィス」という精神があることを強調する。しかし，これは人間に自己犠牲や愛他主義精神を強要するものではなく，誰の内にもある「互酬性（reciprocal）」に根ざしているものであるという。彼女は，「生活のギブアンドテイクに参加していない人間は，知的，道徳的に欠陥がある」とまで述べている。[5]

しかし，フォレットはこのような「サーヴィス」という概念に優るものとして「機能」に着目する。彼女は次のように言う。「ビジネスマンは，自らの仕事を社会の必要な機能の一つであると考え，他の人びともまた必要な機能を遂行して，これらがすべて一緒になって，健全で健康的かつ有用な共同体を形成していると認識すべきである。『機能』は最良の言葉である。なぜならば，それは，あなたがたが，あなたがたの共同体に奉仕する（serving）責任があるばかりでなく，奉仕すべきあらゆる共同体という存在に対してあなたがたが部分的に責任がある，ということを含意している言葉だからである」。[6]

このように，フォレットは「社会に奉仕する」という意味あいを含む「サーヴィス」という言葉に代わるものとして「機能」を置いた。従って，この機能という言葉が意味するものは，組織の中で自ら果たす一つの職務や役割にとどまるものでなく，その職務遂行が社会全体へと奉仕するということ，つまり社会全体との関わりの中で自らの職務を位置づけるという意図を含んでいる。このような意味で機能を職務として捉えるとき，必然的にプロ

フェッション（専門職業）としての職業意識の重視へとフォレットの視点は向けられていく。

フォレットは，プロフェッションを次のように規定している。①プロフェッションは，単に私利のみに対して行われるのではなくて，社会に必要な機能の一つとして遂行される。②プロフェッションは，証明され，体系づけられた知識の集積の応用である。それは，科学とサーヴィスつまり互酬的サーヴィスという二重の基礎に基づくものである。さらに，フォレットはこのプロフェッションとしての職業意識を支える大きな要因としての「仕事への愛情」，「仕事の満足感」を重視している。[7]

フォレットによれば，こうしたプロフェッションとしての意識を高めているのは，その仕事が大きく社会に貢献している機能であるということにある。さらに言えば，自らの仕事が社会的発展に貢献する時，その遂行者は社会における機能を果たしていることになる。機能は，それを果たす人の独自の仕事を通じて，その人が社会全体へと関係づけられるための接点となっているのである。つまり，人間は職務を通じて社会的存在となりうるのである。また，このことによって，人間は「自ら啓発される」とフォレットは考える。

こうした「社会に関係づけられる職務」を遂行する上で，フォレットが特に重視しているのは，その職業を貫く一定の価値基準や準則の存在である。つまりプロフェッションは自らの準則（codes）を持ち，社会の中で集団を形成し，この基準を確立し維持し改善してこの基準を守り，発展させようとする。そして自らの準則に対して高い責任意識を持つ。つまり，プロフェッションはある特定の企業の目的や価値に縛られない，ということを意味している。

プロフェッショナルとしての職業意識を持ち，社会的機能を遂行すること，これがすべての職業の基礎に据えられている，とフォレットは考えていた。特に経営（management）をプロフェッションとして確立する必要があるとフォレットは述べているが，後に検討するように，この経営という職能は，協働体系の中のあらゆる職務に多かれ少なかれ入り込んでおり，経営者

に限らず，協働体系に参加しているすべての人びとが経営職務を遂行しているとフォレットは考える。従って，個人が企業の中で企業目的から導き出された一つの職務を遂行している場合であっても，その職務は機能的統一体としての企業全体形成し，さらに社会的プロセスを形成していたという経営的機能を担っていることになるのである。

さてそれでは，「機能の交織」としての組織はどのようなものと考えられるであろうか。これは，単なる職務体系（企業などの職務分担を決めたもの）ではない。フォレットの動態的思考に立って考えるならば，個人は決められた職務を受動的に受け入れ，それを果たすというのではなく，自らの行動によって職務を能動的にとらえ，それを遂行し，職務そのものをを形成していくと考えた方がより適切である。つまり，職務は，明細書や組織図の中ですでに決められているのではなく，個人個人の行動によって成立させられる「プロセス」なのである。これもまた，すでに繰り返してきたように円環的反応である。つまり，個人は自らの機能を認識し，これを自らの自由裁量を通じて遂行していく，そのプロセスの中で職務は形づくられ遂行されていくと考えられるのである。フォレットは，いかなる職務にも必ず個人の自由裁量が伴うこと，そうでなければ仕事は遂行できないことを指摘する。その意味であらゆる職務には経営の要素が，つまり，計画や決定や管理の要素が必然的に入り込んでいる。人間はこれらのことを意識するとしないとにかかわらず，自らの行動を通じて職務を，つまり機能を体現していくと言えよう。

ここで改めて「職務と人間とのかかわり」について考えてみよう。人間はいかにして職務を果たすのか，そしてそのことを通じていかに社会的機能を担うのか，つまり「機能化」の問題である。組織における人間の機能化というと，ともすれば，「歯車化」という意味に解釈されかねない。企業の目的達成のために自らの意思を殺し，ひたすら企業の利益のためにのみ黙々と職務を遂行するいわゆる「企業戦士」の姿を多くの人が思い描くかもしれない。しかし，フォレットはこのような意味で職務を捉えてはいない。人間が，自らその職務の意味を認識し，その仕事に対してプロフェッショナルとしての意識を持ち，協働体系全体と自分の職務との関わりを自覚し，自ら社会を

進展させていく社会の一員として職務を遂行すること，ここに真の機能化の意味があるとフォレットは考えていた。このことを通じて社会の新たな集合的観念・集合的意思が形成され，社会は動態化していくと考えられる。

このような意味での人間の機能化は，単に所属している組織や社会の発展にとってのみ意味を持つものではない。人間は仕事を通じての自らの誇りと社会の中での自己実現を達成し，満足を得ることもできる。すなわち，人間は協働体系での職務遂行を通じて，社会への機能化を果たすことができ，それを通じて，自らの「主体性」を実現することができる。このことをフォレットは「機能を通じての再主体化」と呼ぶ。機能化は一方では機能を通じての主体化，「機能的主体化」[8]という側面を持つ。また他方では，自ら職務の意味を自覚し，自主的に職務を形成し，機能化していくという意味で「主体的機能化」[9]という側面を持つと筆者は考える。

「職務の交織」あるいは「機能の交織」として捉えられる組織においては，上に述べた「機能的主体化」と「主体的機能化」が同時に行われており，このことにより，個人と組織が相互に発展する可能性が開かれるのである。

(4) 責任の交織

従来，組織における責任は権限に付随するものと考えられており，権限の委譲によって責任も委譲されるものと考えられていた。フォレットは伝統理論に代表されるような，この「権限の委譲」という考え方そのものを否定する。「『権限を委譲する』という言葉は，最高経営者があらゆる権限に対して『権利』を持っているということを仮定し，しかも，その権限のうちのいくらかを委譲することが役に立つということを仮定している。私は，社長が自分の機能（職務）にともなう以上の，いかなる権限も持つべきではないと考えている。従って，あなたがたが病気をしたり休暇をとる場合を除いて，あなたがたはいかに権限委譲しうるのか私にはわからない。その場合であっても，厳密に言えば，あなたがたは権限を委譲してはいない。だれかがあなたがたの職務を遂行しているならば，彼はその作業の特定の部分にともなう権限を有しているのである。権限は職務に属し，職務と共に存在する。」[10]

フォレットはこのように、地位に基づく権限ではなく「職務と共にある権限」、すなわち「機能に根ざした権限」を強調した。

さらに、彼女が何よりも重視したのは、組織というものが単に「権限の体系」としてのみ捉えられるものではなくて、「権限と責任の交織」として把握されねばならないということであった。特に、彼女は自らの職務を通じて社会的機能を遂行していく「専門的職業人（プロフェッション）の誇りと責任」を強く主張していたことからも理解されるように、まずは自らの仕事や職務に対して責任を持つことが、権限に優先すると考えていた。

組織における責任は、大きく考えてみると、「上司の命令に対する責任（responsibility to the superior）」と「自らの職務を遂行する責任（responsibility for the job）」の二つに分けられる。[11] フォレットは特にこの後者を主張した訳であるが、特にここで注目すべきことは、フォレットが単に自らの職務に責任をとることを主張したのみならず、機能の交織としての「組織全体」に対する責任も含めて考えているということである。これをフォレットは「集合責任（collective responsibility）」あるいは「共同責任（joint responsibility）」また「連結責任（inter-locking responsibility）」と呼んでいる。[12]

ここでわれわれが注意しておかなければならないことは、フォレットが、自らの職務の能力の範囲を越えて、全体に対する権限や責任を持つことを主張しているのではないということである。また規範的な意味で「連帯責任を取れ」と言っているのでもない。彼女は、実際の組織の中でまさに「責任の拡散」あるいは「責任の相互浸透」が常に行われていることに注目した。

たとえば、企業における最終責任は社長にのみ、あるいはトップ・マネジメント・グループにのみ集中しているように考えがちである。しかし、果たしてそうであろうか。実際には、そのような「最終責任」という考えそのものが幻想にすぎないことをフォレットは指摘した。なぜならば、社長は最終決定を下すシンボル的存在ではあっても、その決定に至るまでには多くの人びとの経験や考えが織り込まれている。「経営者の決定は、一つのプロセスにおける一瞬のことである。最終段階ではなく、決定の成長、責任の積み重

ねこそ，われわれが最も研究を要する事項である」（傍点は引用者）とフォレットは述べ，「累積的責任（cumulative responsibility）」という考え方を提示する。[13] すなわち，協働状況においては多くの経験や職務が重なり合い，積み重ねられて，全体の集合的意思が形成されており，このプロセスで責任というものが生まれてくる。従って，責任は累積的なものとして捉える必要があるということである。

このことは二つの意味を持っていると思われる。第一の意味は機能と経験に根ざした「個々人の責任の強調」ということであり，第二の意味は，経験の交織にともなう「責任の相互浸透」ということ，そしてその結果として生まれてくる「集合的責任の強調」ということである。フォレットは，責任というのはあくまでも経験に根ざしているものであって，経験に根ざしていない出来事に対しては，人は責任を取り得ないと主張する。[14] たとえ最高経営者であろうとも，もし，一定の職務についての経験を部下の者と共有し合っていなければ，実質的には責任をとる術がなくなってしまう。逆に，職位の低い従業員であろうと，その職務については知識と経験を豊富にたくわえていれば，責任も大きなものとなる。重要なことは，こうした責任を互いに重ね合わせ織り合わせていくプロセスを重視するということなのである。フォレットの主張は，個人の責任を重視することはもちろんであるが，それは協働状況では互いにばらばらに存在しているのではなく，相互に関連し結びつき合っていることを重視すべきである，ということなのである。

個人は，自らの職務を果たせばそれで責任を果たしたと考えるのではなく，自分の行動がいかに他に影響を及ぼしうるか，そしてその結果いかなる全体を創り上げることができるか，ということを考慮に入れた責任を認識する必要があるといえる。責任とは，その人が関わり，形成しつゝある状況を変化させていくということである。つまり人間は，先に述べたように，円環的反応を通じて他者と相互作用を行い，状況を新たに変化させていくことによって「責任を果たす」ことができるのである。このような意味で，人間は自らを取り巻く一瞬一瞬の状況に対して常に責任を負っているともいえるのである。この場合，責任は一定不変のものではなくて，常に行動とともに新

たに作られていくものなのである。このような意味で、フォレットは責任もまた「動態的プロセス」として捉えていたと理解することができよう。

以上のように、「行動の交織」「経験の交織」「機能の交織」「責任の交織」という四つの側面からフォレットの組織論の特徴を整理してきた。フォレットの組織とは、これらが重層的に絡み合いながら、常に新たなる状況を形成している場として理解できるものである。彼女の目指したものは「交織のプロセス」としての「組織化の動態的プロセス」を描くことであったように思われる。

また、この組織化のプロセスは、先にも述べたように「相互作用」、「統一体化」、「創発」という三つの同時的進行過程であると考えられている。そしてこの進行過程を調整していく機能が「管理」であると考えてよいであろう。すでに繰り返して述べているように、彼女にとって「管理」は「管理者」のみが行うものではない。状況を形成している各自が自己調整を行うという考えが根本にはある。管理者は、いわば各自の自己調整能力を導き出す役割を果たしているといってもよい。この調整機能とは具体的にどのようなものであろうか。

フォレットは「統制（control）の過程」[15]と題する講演の中で、具体的には「調整（co-ordination）のプロセス」として彼女の管理論のエッセンスを述べている。われわれは次項において、これを中心に彼女の管理観を浮かび上がらせていきたい。その際に今までに考察してきた彼女の基本的概念、ならびに組織化の四つの視点——「行動の交織」「経験の交織」「機能の交織」「責任の交織」——との関わりをふまえて検討していくことにしよう。

3．フォレットの管理論

(1) 自己統制——統制の意味——

フォレットの管理観の根本には、「自己統制（self-control）」という考え方があると思われる。そこで、まずはじめに、フォレットが「統制（control）」

をどのように捉えているのかという点から考察を始めよう。

　　統制とは，われわれが生物的・個人的・社会的レベルにおいて見るプロセスの一部である。意識的な統制（conscious control）は意識的であろうとしている生物学者の自己調節（self-regulation）のようなものである。そして意識的な統制は 20 世紀の支配的な思想である。われわれは，経済学者，法律学者，歴史学者，社会学者から，そのような言葉をますます聞くようになった。このことは，われわれの世代が世界に対してなしている主要な貢献である。そしてわれわれは調整（co-ordination）を通じて統制を手に入れるのである。[16]

　フォレットによれば，人間が自ら自分の様々な肉体的・精神的諸要素を相互に調整することにより自分自身を統制することができるように，組織の中の諸要素も相互に調整されることにより，全体として統制されているという。

　ここで組織の「自己統制」ないし「自己調整」といった場合，「自己」とは何なのか，あるいは誰なのか，という疑問が浮かぶ。フォレットがこの言葉を使った理由は大きく二つあると考えられる。一つは彼女の人間観に基づくものである。彼女は人間というものを，他の人からの命令によって強制的に働くのではなく，自ら自発的に働くことを本質的に望んでいる存在として捉えていた。そして，たとえ協働状況においても，こうした人間の本質が失なわれることはないと考えていた。従って，協働に参加している人間一人ひとりが，上司の命令によってではなく，自ら意識的に自己を統制していくものであると考えたのである。この意味で使われる「自己」とは，協働への参加者個人個人ということである。

　フォレットが，「自己統制」という言葉を使った第二の理由は，現実問題として，多くの組織において，「人間による統制（man control）」から，「事実による統制（fact control）」へと移りつゝあるという現象を重視したためである。すなわち，特定の管理者が自分の判断により統制を行うのではな

く，その状況の具体的事実に基づいて決定を行おうとする組織——特に企業——が多くなっていることにフォレットは着目した。このことからフォレットが主張したことは，統制はある特定の人間に依存しているのではなく，その具体的「状況」に依存しているということであった。これをフォレットは「状況の法則」に従う管理と呼んだ（この点についてはのちに触れる）のである。この意味において，フォレットは組織というものを管理者によって統制されるものではなく，「状況それ自体」により，つまり組織自体によって自ら統制されるものであると考えていたと思われる。この点から考えるならば，自己統制の主体は「組織そのもの」ということになる。

　こうして「自己」というものの二つの意味を考えると，フォレットの描いた管理論は，一見矛盾するものを含んでいると捉えられるかもしれない。なぜならば，第一の意味に立てば組織メンバー一人ひとりが主体的に自らを統制し，状況を統制するというような，いわば「個人主義的」な色彩が強い。それに対して，第二の意味に側して考えると，全体状況が個人を含め組織のすべてを統制していくという点で「全体主義」的な色彩が強い。しかし，ここで再び考えなければならないのは，フォレットの「全体と個」の考え方である。すでに思想的基盤において述べたように，彼女にとって，個は全体と切り離しては捉えられないものであり，また全体も個とは切り離し得ないものであった。すなわち，個人の自主体な行為といえども，社会的真空の状況で行われていることはありえず，必ず状況の影響を受けている。また，個人の意思では如何ともしがたいような全体状況も，一人ひとりの行動から形成されていることは事実である。その意味では，個は全体を反映し，全体も個を反映しているといえるのである。

　このようなフォレットの思考方法に立てば，「自己統制」とは，組織メンバー個々人によって行われるものであると同時に，人びとの相互作用によって成り立つ全体状況によって行われるともいえるのである。つまり，人びとの相互作用から生じた集合的観念や集合的意思を認識した個人が主体的に自らの行為を統制し，それによって状況が統制され，またその状況によって個人が自らの行動に影響をうけ，全体として進展していく，このようなプロセ

スこそが，フォレットの考えた「自己統制」というものであると理解できるのである。ある一時点をとってみれば，個人が主体となっているように見えたり，状況が主体となって統制しているように感じられても，実際には，この二つが同時に互いに相互作用を行うことにより，統制というプロセスが展開されているのが組織であると言えよう。

(2) 調整（co-ordination）

さて，先のように自己統制を捉えた上で，「調整（co-ordination）」について検討していくことにしよう。フォレットは，前述のように，「調整によって統制が得られる」と言う。すなわち，彼女の統制の中心的な内容は「調整」ということになる。従って，彼女の管理論の中心は「調整」であると考えてもよいと思われる。

彼女はいくつかの論文の中で繰り返し次の四項目を挙げ，これを「統制（管理）の原則」，あるいは「組織の原則」と呼んだ。その四項目とは，第一に，状況の中のあらゆる要素の互酬的（reciprocal）関係としての調整，第二に，関連している責任ある人びとの直接的接触による調整，第三に，初期の段階における調整，第四に，継続的プロセスとしての調整，である。[17]

第一の原則はすでに「機能の交織」のところで見てきたように，人間は互いの機能を通じて他者と互酬的関係を確立し統一体を形成しているが，そのプロセスにおける調整ということである。フォレットは統一的全体を強調しているが，特にその全体は加算的全体ではなく，「関係的全体（relational total）」であることを重視する。つまり，状況を形成しているあらゆる要素を互いに「関係づける」こととしての調整がまず重視されることになるのである。

次に第二の原則について考えてみよう。これは先に「責任の交織」について論じたところですでに述べたが，フォレットによれば，協働状況において人間は互いに自らの責任を，機能を通じて果たすことにより，他者と相互浸透し合っている。その，まさに相互浸透し合う場所で多くの対立や問題が生じ統合されていくのである。前述のように，フォレットは，「経験に基づか

ない事柄に対して人は責任を取ることは出来ない」と言う。この第二の原則は，ある問題が生じた場合に，その「当事者の接触」によって互いの経験を共有し，分析して，状況を調整していくということである。

具体的には，実際の企業で行われている部門間の調整が挙げられる。命令系統を重視すれば，問題が起きれば下から上へ伝達され，最高経営者の指示を仰ぎ，その後に上から下へ命令が下されて部門間調整をはかるという手続をとらねばならない。しかし，実際に現場をよく知り，細部にまで及んで状況を把握しているのはその部門の責任者であって最高経営者ではない。従って，部門の長による直接の会議や話し合い等を通じて調整を行うほうが，実質的にはより良い結果となる場合が多い。また，こうした調整は上司によってなされるのではなく，現場にいる人びと自ら調整するという意味で「自己調整」と言うことができよう。

さて，第三の原則は，初期の段階における調整である。これは，フォレットによれば，第二の原則と共に考慮されるべきものである。すなわち，関連している人びとの直接的接触が，初期の段階から行われなければならないということである。先に，組織論のところで検討したように，フォレットにとって，最終的責任，最終的権限という考えは意味を持たない。最終的な決定と見えるものであっても，すべて下からの積み上げによる累積的なものと捉えられるからである。この累積的プロセスの時間の流れの，できる限り早い段階で調整を行う必要があるということである。

例えば，ある方針が決定されるプロセスをとり上げてみると，アイディアが提示された段階から方針として固まるまでには，周囲の状況の中で影響されいろいろに変化していく。フォレットは，この変化していくプロセスのなるべく初期の段階で調整が行われる必要があるとしている。すでに固まってしまったものとして提示された決定は，それからでは変更するのは困難であるが，思考の形成段階では，——その段階が早ければ早いほど——容易に調整できる。この原則と第二の原則とをあわせて考えると，調整は，時間的にも空間的にも，それが必要とされたまさにその時，その場所で，行われる必要があることをフォレットは主張したのである。

第四の原則は，継続的プロセスとしての調整である。これは，調整を，単に問題が起こった時点のみのこととして捉えずに，将来に及ぶプロセスの中に位置づけるということである。先に，われわれは「経験の交織」としての組織の特色について検討した。その際に，協働状況において人びとは自らの経験を意味づけ，他者の経験と織り合わせてこれを組織的経験として蓄積していくことを示した。継続的プロセスとしての調整とは，こうした「経験の交織」ということと深くかかわっていると思われる。

　フォレットは，経験から学ぶためには次の三点が必要であると述べている。第一に，自分の経験の観察，第二に，その経験の記録の保管，第三に，経験の体系化である。このような過程を経て，はじめて経験を生かすことができるのである。継続的プロセスとしての調整は，こうして蓄積されている経験を生かして，現在直面している問題を解決し，かつ，将来へむけて状況を変化させていくことであると考えられる。フォレットは，この点について次のように言う。

　　問題は解決しうる――どのような最終的な意味においても――と考えることは誤りである。問題は解決しうるというわれわれの信念は，思考上の障害となる。われわれが必要とするものは，問題に直面するプロセスである。問題解決の過程によって問題を解決したとわれわれが考える時，新たな要素や諸力がその状況に入り込み，あなたがたは，解決すべき新たな問題を手にすることになるのである。このことが起こると，人々はしばしば落胆する。私はなぜかと不思議に思う。というのは，それはわれわれの強さであり，希望である。われわれはその中にとじ込められ，困難に陥らせられるようないかなるシステムも欲しないのである。[18]

　すなわち，フォレットは問題が「解決された」という静止的状態はあり得ないとして，問題に直面しこれを解決するプロセスそのものを重視したのである。われわれができることは，問題解決の継続的プロセスの中で，ある状

況から次の状況へと変化させていく契機を与えることである。その過程で問題が解決されていくのである。そのようなものとして調整をとらえようとすることが,「継続的プロセスとしての調整」ということの意味なのである。

以上のような考察から明らかになったことは,フォレットにとっては,統制はプロセスであるということ,そして,統制は,諸要素の相互関連的な調整作用であるということである。こうした調整を通じて統合的統一体あるいは機能的統一体として組織を統制することが,フォレットの管理のプロセスであると考えられる。

彼女は,現代をすでに「自由放任」の社会ではないと認識していた。自己調整ないし,自己発展的統制に基づく社会こそ現代社会であり,それを実現するために「調整」が最も重要であると認識していたのである。

以上のように,管理を自己統制のプロセスと捉え,組織に参加するすべての人びとが管理的機能の遂行者と捉えると,管理者というリーダーの機能や積極的役割は考慮しなくてもよいのか,という疑問が生ずる。しかし,フォレットはリーダーシップの必要性をいたるところで強調している。そこで次に,われわれは彼女のリーダーシップの考え方について検討したい。

(3) リーダーシップ①　——「権力」について——

「リーダーと専門家」[19]と題する講演の中で,フォレットはリーダーシップの概念が変化しつゝあることを指摘した。かつて,リーダーとは「他の人を説得して同意させることのできる人」を指していたという。しかし現在では,リーダーは「他の人びととの自発性を奨励し,自ら進んで仕事をしようとする意欲を引き出す方法を知っている人」として求められるようになってきたとフォレットは言う。また,それと同時に,リーダーもまた,彼が指導する人びとによって影響される,と考えられるようになったと指摘する。フォレットは,リーダーシップの基本にも,相互作用の考え方を据える。先に述べたように,組織は常に円環的反応によって動態化されているプロセスであるが,リーダーシップもまたその流れの中にあり,流れを円滑に継続させていくための「作用」と考えられる。

ここで重要となるのが，リーダーの「権力（power）」についてである。従来，リーダーシップの発揮には，権力が伴うものと理解されてきた。しかし権力の行使はともすれば他の人びとを「強制的に従わせる」支配力として発揮される場合がある。この時には，リーダーと周囲の人びととの関係は支配－服従という形をとることになる。ここに，状況の継続的発展のプロセスをせき止めてしまう障害が生まれる可能性が生じる。フォレットは「～の上に立って支配する権力（power-over ～）」という考え方を捨て「～と共にある権力（power-with ～）」を促進する時が来ていると強く主張している。[20]

彼女の最も基本的な権力の定義は，「ただ単に物事を起こさせ，原因として作用するものとなり変化を引き起こす能力（ability）」というものである。[21] こうした能力を発展させることが，権力を発展させることになるという。しかし，この場合あくまでも，円環的反応のプロセスの中で能力は開発され，発展させられていくものであることを忘れてはならない。先に「対立と統合」のところで検討したように，人びとは皆それぞれの欲望を持って協働に参加している。このことから互いに対立を引きおこすことも多いが，対立を統合的に克服した時に人びとの真の力は解放され，能力を発揮させることが可能となる。支配や妥協ではなく，統合という解決を実現するには，あくまでもそこにいる人びとの状況への主体的参加と状況の共同的観察が必要となる。ここに「～と共にある権力」（共同的権力）が生まれる可能性が出てくる。すなわち，協働への参加者が共通目的へ向けてそれぞれの機能を遂行していることを認識し，自らの経験を踏まえて「状況の法則」に従うことによって，初めて自らの機能にともなう権力を発展させることができる，というのがフォレットの主張である。

フォレットは，他人を支配する権力欲というものは，人間が自らの欲望を満足させようとする意思のあらわれであると捉えている。自らの欲望が他者を抑圧しなければ手に入れられない場合，そこには支配的な力が必然的に生ずる。しかし，他者の欲望も自らの欲望も「共に満足させられうる」統合の道が見出されるなら，そこに支配的権力を生み出す原因は生じないとフォレットは考えた。そこで「対立から統合への道」が，「支配的権力」を減じ

「共同的権力」を実現させる道となるのである。フォレットは、支配的権力を減じる方法を次のように整理する。①統合を通じての方法、②すべてのことを「状況の法則」に従わせることを通じての方法、③機能的統一体を形成することを通じての方法、という三つの方法である。[22]

以上のようなフォレットの権力論は、彼女の人間観を強く反映していると思われる。彼女は、先に考察したように、主体的機能化（あるいは機能的主体化）をすることにより自らの機能と組織全体に責任を果たす人間像を抱いていた。また人間は、それぞれ異なる機能を担っている限りにおいてその機能に見合う権力を持つものであって、人間的な優劣や職位の上下によって他者を支配すべきものではないという考えを持っていた。彼女の権力論には、人間が他の人間を専制的に支配するという力を廃し、異なる機能を担う平等な個人の相互作用が互いの能力を開発し、発展させていくという彼女の民主主義の理念が強くあらわれていると考えられよう。

先に述べたように、フォレットは「支配的権力（power over ～）」つまり他の人びとを支配する（power over the others）権力を否定した。実はその背後には"power over the self"つまり人間は、自分自身を統制できるのみであるという思想がある。[23] 人間は自らを統制しつゝ他の人びとと相互作用を行い、互いの能力を引き出し、互いに影響を与え合う、そういった意味を込めて"power with ～"という概念で表現しようとしたと思われる。

ここで今まで述べてきたことを整理してみると、フォレットの権力概念は、広い意味での「影響力」ということになる。そしてその影響力の根底に「能力」がある。それは、人びとが自らの機能を果たすという能力である。各自の能力を引き出し、その能力を自ら開発させ発展させるよう指導していくという影響力が、リーダーシップということにほかならない。彼女は、権力が能力である以上、これを分割し委譲することは不可能であると考えた。分割できるのは機能そのものなのである。そして機能はあくまでも、状況から導き出される。つまり、常に移りゆく協働状況の中で、その状況の事実から導き出された機能、その中に権力が常に新たなものとして生まれ、変化していくのである。彼女は、「昨日入手して今日使うような権力など、あ

り得ない」という。権力もまた機能と共にそしてそれにともなう経験と共にあり，常に移りゆくプロセスなのである。リーダーに求められるのは，人びとの相互作用から成り立つ状況の中で発生する機能と，そこから生じてくる権力とを，機能的統一体，統合的統一体としての組織の関係の中に位置づけ，それを状況の進展とともに発展させていくことである。フォレットは，こうした見解の下に「特定の目的を達成するために権力が手段として行使される」ことを「統制する」と呼び，この結果として得られた「統制」状態を「権限（authority）」と呼ぶ。[24] すなわち，「権力」という「機能にもとづく能力」を発揮した結果「統制」状態が実現された場合に，そこには「権限」が発生していると見ることができるのである。

(4) リーダーシップ②　――命令の授与――

さて，フォレットのリーダーシップ論をさらに理解するため「命令の授与」について考察を加えておくことにしよう。人間は，命令を与えた時，あるいは受けた時に「権力が行使された」という実感を持つことが応々にしてある。この時の命令の授与の方法により，支配的権力の存在を示したり，抑圧感を感じたりすることがある。これを回避するために，命令の授与ということが，人間の心理とのかかわりで考察されねばならないことをフォレットは主張した。

人間は，自らの過去の経験や価値観，信念，周囲の状況などにより，自らのうちに，一定の「行動パターン」を形成している。人間が命令を受け入れて意欲的に貢献するためには，この「行動パターン」そのものが変わらなければならない。

そのためにフォレットは次の三段階が必要であるという。第一に，まず特定の態度を形成すること，第二に，これらの態度を解き放つ（release）こと，第三に，実際にこの解き放たれた対応が行われている時点で，それを強化する，というものである。フォレットはこれを，セールスマンの事例で説明している。セールスマンはまず顧客に，売りたい品物を欲しがらせるようにしむける。次に，一瞬をついて相手方に契約書を出し，サインをさせるように

する。このことにより態度を外にむかって解き放つ（実現させる）。そして，そこに他の人が来た場合に，セールスマンはその品物を買っていただいたことを嬉しく思っていることを強調する。このように，行動パターンを変化させていく，というのである。

このことを，命令授与の問題に適用すると次のようになる。例えばある会社の事務手続きに不都合なことがあり，これを新たな方式に変更させようとする場合，まず事務員に対して指導し，新たな方法が望ましいことを理解させる。次に会社の規則を変え，その方式を実際に活用できるようにする。それと同時に，前もって他の者たちの模範となるものを選んでおいてその者たちを納得させることによって他の者たちへの影響を与える。

このような方法を，心理学者は「解放された態度の強化」と呼んでいると言うが，フォレットは，こうして強化された態度が繰り返されて「習慣」を形成することにより，人びとの行動パターンが作られていくプロセスに着目する。「ある点では，企業の成功は，このこと，つまり企業がある特定の習慣や特定の精神的態度を生ずる方向に組織され，管理されているかに大きくかかっているのである。」[25] とフォレットは言う。すなわち，今日の用語を使えば，企業が特定の価値理念にもとづき，特定の文化や風土を形成しているか否か，そこに企業の成功がかかっているということになろう。

以上のことから理解されるのは，命令の授与に際して，それが行われる「状況」に注目する必要があるということである。つまり，命令も円環的反応の視点から捉える必要があることをフォレットは強調している。すなわち，命令を与える側が与えられる側に対して影響を及ぼすのみならず，命令を与えられる側からも影響を受けており，その相互作用を通じて，状況――集合的観念や集合的意思――が形成され，命令はその状況全体の中で変化していくというプロセスである。フォレットの人間観に立てば，そもそも人間は，他の人間から命令を受けることを嫌うものであり，一方向から高圧的な命令を与えられ続けた場合，これを受け入れようとしなくなるという。命令は受け入れられ，行動として解放（実現）されてこそ意味を持つのであるから，あまりに高圧的な命令，職位に根ざした強制的命令は結果的に意味を持たな

い。
　そこでフォレットが主張したのは，命令から人格的要素を排除し，一度，状況の中に位置づける，つまり命令を「非人格化する」ということであった。人間は，「誰々からの命令」には抵抗しても，「状況が要求する命令」には従うものである，というフォレットの確信がここにあらわれている。命令とは，本来，様々な要素の交織としての全体状況の中から生まれてくるものであって，上から与えられているように見えても，上司がそれを把握して，具体的な形として部下に提示しているにすぎないと考えられる。しかも多くの制約や個人の価値観などにより，上司の状況認識も主観的なものとならざるを得ない。そこで当然のことながら，命令する側と受ける側との間には状況認識上の相違が生じてくる。そこでフォレットが主張したのは，その状況に参加している人びと全員による状況の観察，そしてその結果もたらされた共通の認識にもとづく命令（＝状況の法則）の授与ということであった。フォレットの思想的基盤と認識方法のところで検討したように，彼女は，人間の主観を離れて純粋な客観的状況が存在するとは考えていなかった。しかし，人びとが共に主観を織り合わせて状況を理解しようと試みる過程で，共同主観と呼びうるような状況認識が生ずることを認めていたと思われ，これを「集合的観念」と呼んだのである。そして，こうした認識を経て把握した状況は，その人びとによって「事実」として把握される。従って，このような「状況の法則」に従う命令は，「事実にもとづく命令」と同義になる。
　また，こうした形で捉えられた事実は，人びとの経験が重ねられ，経験に基づいて「意味づけが行われた状況」であるとも言える。従って，この状況には，そこに参加している人びとすべての欲求や価値が織り込まれているとも考えられる。「命令を状況の中に位置づける」ことは，一度は命令を非人格化することであっても，状況に参加しているすべての人びとの欲求や経験を命令に反映させるという意味で，結果的には「再人格化（re-personalization）」になるのである。
　以上，フォレットの権力論と，その展開としての「命令の授与」について検討を通じて明らかになったことは，フォレットの管理論の中心には「自己

統制」という基本的な考え方があり，リーダーの役割はいかにこれを実現させていくか，ということにかかっているということである。フォレットの主張は，一貫して，「専断的命令」や「支配的権力」の排除，特に特定の人間が人間を支配し統制する，ということの排除であった。人は人によって管理されるのではなく，自ら自分自身を統制するものであり，それと同時に他の人びととの相互作用を通じて統制されるものである，というのがフォレットの基本的信念であったと筆者には理解できる。そして，それを実現していく鍵は，「状況」そのものの中にのみ存在すると考えられたのである。

　協働に参加している人間が，自ら参加している状況をどこまで認識しうるか，そしてそこからの要求をどこまで満たしうるか，すなわち，そこに織り合わされている，人びとの集合的観念と集合的意思をいかに把握するか，それがその協働を発展させ，人間が自分自身を成長させていく大きな要因となる，とフォレットは考えていたと思われる。

(5) 状況の法則 ——その実現にむけて——

　フォレットにとって組織とは，職務や経験，行動，欲求そして責任，権限の交織であり，それが過去，現在，未来へと連綿と続いていくプロセスである。これらをどこまで把握しうるか，これはその状況に参加している人びとの，一人ひとりの意識やかかわり方，また職位などによっても変わってくる。フォレットは，状況をすべての人に認識させないために，いわゆる「事実隠し」をする管理者もいるということを指摘し，状況認識が極めて重要であることを主張した。

　状況認識のための情報を得れば得る程，その人（あるいは部門）は，その状況を統制しうる可能性を増大させることになると一般には考えられるのである。しかし，このこととは逆に，ある一部の人びとや一部の部門のみに情報が集中することは，正確な事実認識というものを次第に不可能とならしめることでもある。なぜならば，最高経営者になればなるほど，現場の細かい状況まで知っているとは限らず，それぞれの状況は，そこに参加している当事者が最も良く知っているということが多い。より具体的な現状を知るため

には，その状況に関わるできる限り多くの要素が織り合わせられることが必要となる。そのためには，上は最高経営者から下は現場の従業員まで，あらゆる職位の人びとの状況認識が照らし合わされ織り合わされなければならない。

　フォレットはこのような状況の認識を高めるために「水平的な関係」を重視し，それとともに，職位の下から上へと積み上げられていく「累積的経験」というものを尊重したのである。このことを，具体的な組織構造や制度との関係で考えてみよう。

　「状況の法則」というものを徹底的に追求しようとするフォレットの管理論を推し進めると，必然的に中央による「集権的管理」ではなく，「分権的管理」の強調ということになる。つまり，それぞれの職場がそれぞれの状況認識を行い，それをボトム・アップ式に上へと上げていき，ここから得られる累積的な経験にもとづいてトップが判断するという形式をとるものとなる。例えば，職場の自主的管理やＱＣサークルを通じての提案制度などは，「状況の法則の発見」が具体的な形として制度化された一つの象徴的な例と見ることができる。また，日本的経営の特色である稟議制は，フォレットの「累積的責任」を制度化した例であると捉えることも可能であろう。

　これら「下からの」決定，あるいは職場での意思決定，状況認識というものは，時として互いの整合性を欠くことがある。そこでフォレットが提唱したのは，部門間の関係（横断的関係）であった。彼女は，管理というものを「相互浸透(interpenetrating)の過程」としても捉えていた。職場においては，そこで働く人びとの相互浸透があり，部門間の相互浸透もあれば上司と部下の相互浸透もある。このような相互浸透を通じて，職場の状況認識は全体へと統合され，全体状況を認識することが可能となる。また，特定の部門で行われた決定も，相互浸透のプロセスを通じて全体の方針と整合性のあるものへと変化していくというのがフォレットの主張である。

　もちろん，人びとの決定や部門間の決定には，相互に対立し合うものもある。そこで必要となるのが先に述べた対立の「統合的解決」である。それぞれの意見や欲求を互いに徹底してつき合わせ，真の対立点を探し出して互い

の欲求が満たされる解決策を見出していく，ここに新たな決定が生ずる。管理者とは，ある意味では「欲求を明瞭化する（articulate）役割」を担っているとフォレットは言う。この統合的プロセスを経ることにより，人びとの意見や部門の方針が，より機能的全体そして総合的全体へと結びつけられていくことになる。つまり，多くの職場レベルで行われる「状況の法則の発見」は，相互に結びついて全体状況の訳識へとつながるのである。

　フォレットは，こうした部門間の相互浸透を継続的に行いうるための制度が必要であると言う。これは問題が生じた時のみに突発的に作られる委員会やタスク・フォースのようなものではなく，常時，定期的に行われる部門間会議のような継続的制度の設置であると言う。こうした継続的な統制のための制度を設けることは，「命令の授与」のところでも検討したが，その企業内に一定の「習慣化された行動パターン」を形成するという点でも大きな意味を持つ。すなわち「状況の共同研究」「対立の統合的解決」「横断的な相互作用」というものが，自然発生的に行われるのみならず，制度化されることにより，反復的に行われ習慣化していくことが重要なのである。なぜならば，先に述べたように一定の行動パターンが形成されているところでは，より一層「状況に根ざした命令」が受け入れられやすくなり，自己統制が可能となると考えられるからである。

(6) 最高経営者の機能

　以上のように考えると，フォレットの管理論は状況を認識し，相互作用し合うことができるような状況を作り上げさえすれば，おのずと実現されてしまうような楽観的なものであるような印象がある。また，下位ならびに中間管理者の調整機能は重視されていても，最高管理者の役割についてはあまり注目されていないようにすら感じられる。しかし，彼女は，分権的管理を強調すればこそ，部分を統合し，機能的全体としてまとめあげていく存在としてトップの役割を極めて重視している。もちろん彼女は，最高管理者の機能といえども全体状況の中のプロセスであって，協働状況の外側から統制するのではないことは強調している。[26]

最高管理者の機能としてフォレットが特に挙げたのは，第一に目的の明確化，第二に調整，そして第三に予測（anticipation）である。今まで考察してきたフォレットの考え方にもとづけば，目的そのものも，協働に参加する人びとの欲求や価値が相互に浸透し合って形成されたものと考えられる。しかしこのような目的は，参加者全員にとっては時として漠然としたものとなってしまうことがある。そこで最高管理者は，目的を常に明確に定義づけられなければならない。次に，その目的と下位目標との関係づけを示す必要がある。また，目的達成の程度を示すことにより，人びとの貢献意欲を促進させなければならない。そのような意味で，まず「目的の明確化」が最高管理者の第一の役割としてあげられるのである。全体を総体的に把握しその視点から目的を認識できるのは，最高経営者という立場のみだからである。

最高経営者の第二の機能である「調整」は，これは組織のすべての人びとが程度の差はあれ有しているものである。しかし，最高経営者に限って捉えるならば，特に，各個人の役割を全体の中に位置づけ，協力的な態度を喚起していくということである。ここで，フォレットが強調するのは，上司と部下が相互作用を通じて「能力を開発していく」という態度である。最高経営者はこの意味で，個人個人の能力を引き出し，開発していく指導者であることが要求されるのである。もちろん，指導者は部下を「教育」し成長させるのみならず，自分自身もそのプロセスを通じて，指導者として成長していくことが可能となるのである。フォレットは管理者の「教育」の重要性を主張するのであるが，これは，協働状況に共通の集合的観念を形成する上でも極めて重要となる。

さて，最後に特にフォレットが強調する最高管理者の役割は「予測」である。繰り返し述べてきたように組織はプロセスであり，常に今ある状況のまゝ静止してはいない。環境の変動，参加者の流動，人びとの価値観の変化などにより，日々新たな状況を形成しつゝ，統一的全体を形成していく動態的存在として把握すること，そしてそれに基づいて次の状況を予測すること，これは極めて重要な最高管理者の役割であるとフォレットは指摘した。

特に，「今ある状態」から「次なる状況」への移行のプロセスをどのよう

に見極めるのか，これがその企業の成功を左右する大きな要因となる。「企業では，われわれは常に一つの重要な瞬間から他の重要な瞬間へと移行しつつあり，リーダーの課題は，この移行の瞬間を理解することにとくに優れていることである。このことが，リーダーの仕事が非常に困難であり，偉大な資質が要求されることの理由である。その偉大な資質とは，最もデリケートで敏感な知覚，想像力，洞察力，そしてそれと同時に，勇気と信念である」[27]とフォレットは述べている。将来に対する予測と洞察は，フォレットの場合，単に状況に適応するということを意味するのではない。彼女は「次の状況を創り出す」という機能を最重要視する。管理者は決定を行うことにより，その状況の問題を解決するが，これは状況に適応すると同時に，来るべき状況の前提を創り出しているのである。こうした流れを考慮しつゝ，過去から将来へと及ぶ決定を行うことが，最高経営者の特に重要な機能ということになる。

　フォレットは次のように言う。「最も有能な管理者は，彼の助手である専門家がもたらす過去の多くの事実から，ただ単に論理的結論を導き出すだけではない。というのは，彼らは将来へのビジョンを持っているからである。確かに企業の評価は常に，起こりうる将来の条件に基づいており，そうでなければならない。たとえば販売方針は過去の売上げのみならず，将来の売上げの見込みによっても導き出される。しかし，リーダーはすべての進歩的（forward）傾向を見て，それらを統一化しなければならないのである。企業は常に発展しつゝある。決定は，その発展を予測しなければならないのである。」[28] フォレットは過去から論理的結論を導くだけでない，ビジョンを持って予測することを最高管理者の最大の役割として据えたのであった。なぜならこれこそが，過去から現在を経て未来へと続く創造的にして動態的プロセスとして組織を発展させるための最も重要な点であると考えられるからである。

(7) 自由と統制

　以上，フォレットの組織論，管理論を筆者なりに整理して検討してき

が，最後に，フォレット自身の問題意識とのかかわりについて考察を行って本章を閉じることにしよう。

フォレットが多くの分野に渡る研究を通じて一貫して追い求めてきたものは「真の民主主義」の実現であり，その基盤としての「社会的プロセスの動態的な姿を描く」ことであった。彼女は，バラバラで自分勝手な個ではなく，全体との調和の中に生きる個を尊重した。そして，もはや自由放任の時代は終わったことを強調した。彼女によれば，自由放任の反対側にあるものこそ「調整」あるいは「統制」であり，これが，真の民主主義をもたらす鍵となるものであった。この場合の「調整」ないし「統制」は，社会全体に個を強制的に合わせていくことを意味しているのではない。個の価値と全体の価値が「統合」され，全体と個が共に自己を生かし合うこと，を意味している。そして，この際に，「調整」や「統制」は，他者によって，あるいは特定の組織や国家によって与えられるのではなくて，「自己統制」でなければならないとフォレットは強く主張した。

さて，このような自己統制が現実に行なわれている場，それは個人個人が実際に属している協働体系——家庭，企業，学校，地域社会——である。特に企業においては，特定の具体的目的の達成を目指し，常に「調整」「統制」の問題に直面しており，これが全体の統一化をもたらす最重要課題となっている。企業において「調整」を行うのは，一般には「管理者」であると考えられている。しかし，管理者が何らかの権限を行使して人びとを管理し，人びとの行為を統制して全体をまとめていくと考えるのは実は誤まりである。

管理者は人びとが自ら能力を開発し，各自の欲求を満たし，経験や機能を相互に結びつけていかれるよう指導する「教育者」のような存在である。そしてそのことにより，集合的観念や集合的意思を形成し，状況を設定し創造していくのである。これをいかに行うか，ここに具体的な民主主義実現の道がある。すなわち，管理者の支配的権力によってこれを行うのではなく，あくまでも人びとが自らを統制することを通じて「共同的権力」をつくり出していくことにより，はじめて「自己統制」が実現されるのである。

より具体的にこれを実現する方法は「状況の法則」を見出し，これに従う

という方法である。これは単に状況の成り行きにまかせる，ということを意味してはおらず，自ら自分の機能を責任を持って果たす個人個人が相互浸透しあうということが前提となる。人びとは自らの経験と責任を「職務」という形で具体化し，これを通じて他者と相互浸透しあって状況を形成する。こうした人びとの自覚的参加に支えられている限り，その状況の要求を見出し，これに従うことは，そこに参加する人びととの交織された経験や価値を反映した決定に従うことになり，ここに誰ひとりとして強制されることのない「自由」が実現されるはずである，とフォレットは考えた。このことは協働に参加している人びとを成長させ，かつ組織全体を動態化し，社会を進歩させる原動力となる。そして，ここに真の民主主義の現実があるのである。つまりフォレットは「自己統制」に基づく「集合的統制」を通じての民主主義の実現を目指したと言えるのである。フォレットは公表されている最後の論文，「計画された社会における個人主義」を次のような言葉でしめくくっている。

> ……われわれはわれわれの自由を守ってきた。われわれの最高の美徳はこれまで奉仕と犠牲であった。われわれは，今やこれらの美徳をやや異なるものとして考えていないだろうか。新たな時代の精神が，速やかにわれわれのすべてをつかもうとしている。今日，生活がわれわれに訴えようとしているのは，あらゆる人間の社会的に建設的な情熱に対してである。このことは，私のすべてが応じうる何かなのである。これこそ大いなる確かさである。犠牲は，時として，あまりに否定的に思え，私が何かをあきらめることを強調する。奉仕は，時として奉仕の価値よりもむしろ奉仕という事実を強調するように思える。しかし奉仕と犠牲は気高い理想である。われわれはそれなしにすますことはできない。しかしながら，それらを，われわれの生活の偉大な目的の補助的な存在にとどめておこう。その偉大な目的とは，われわれの現在の混沌から立ち上がって欲しいと思っている新たな世界，そして集合的統制を通じて，個人の自由をわれわれにもたらすであろう時代に対して，われわれが貢献

することなのである。[29]

注
1) Follett, *C. E.*, p.89.
2) *Ibid.*, part1. p.1.
3) *Ibid.*, part1.
4) Follett, *D. A.*, p.132.
5) *Ibid.*, p.133.
6) *Ibid.*, pp.133-134.
7) *Ibid.*, p.134.
8) 村田晴夫「仕事と責任」，坂井正廣・吉原正彦編著『組織と管理』文眞堂，1987年，170頁．
9) 三井泉「「状況による管理」に関する一考察―Follett, Weick, March の所説を中心として―」，『青山社会科学紀要』第13巻1号，1984年，83-98頁，を参照．
10) Follett, M. P., edited by Fox, E. M. and Urwick, L., *Dynamic Administration: The Collected Papers of Mary Parker Follett*, 2nd ed., London: Pitman Publishing, 1973, p.120.（*D. A.*［A29］とは異なる論文集．）
11) 三井泉「組織における責任の問題」，『青山社会科学紀要』第14巻1号，1985年，20-39頁，を参照．
12) Follett, *F. C.*, pp.72-73.
13) *Ibid.*, p.1.
14) *Ibid.*, p.1.
15) Follett, M. P., "The process of Control," 1933.（ロンドン大学経営管理学部において行った講演であり，1933年の1月－2月に行われたフォレットの生涯最後の講演である．）
16) Follett, *D. A.*, p.206.
17) Follett, *F. C.*, p.78.
18) *Ibid.*, p.86.
19) Follett, M. P., "Leader and Expert," Metcalf, H. C. Ed., *Business Leadership*, Pitman, 1931.
20) Follett, *D. A.*, p.101.
21) *Ibid.*, p.99.
22) *Ibid.*, p.106.
23) Follett, *C. E.*, p.186. このことはフォレットの権力論の特徴であると思われるが従来のフォレット研究者にはほとんど指摘されていない．
24) Follett, *D. A.*, p.99.
25) *Ibid.*, p.53.
26) *Ibid.*, pp.260-261.
27) *Ibid.*, p.263. しかし，フォレットはリーダーシップ特性論に立つのではない．
28) *Ibid.*, p.264.
29) *Ibid.*, p.314.

第 6 章

結論と展望

　前章まででフォレット思想の全体像の考察を行ってきた。この研究をむすぶにあたり，本章ではまず簡潔に各章を振り返った上で，フォレット思想の現代的な意義とその限界を明らかにしていきたい。

1. 内容要約

　第1章において，「研究の目的」，「研究視座」について述べたあと，続く第2章では，フォレットの生涯をその時代的背景とともに検討した。ここではフォレットの生涯を三つの時期に区分した。第1期は，1868年のフォレットの誕生からセイヤー・アカデミー，ラドクリフ校，ニューナム・カレッジを経て，1897年に最初の著作である『下院の議長』を発表し，学究生活を終えるまでの時期である。この時期は，アカデミックな雰囲気のなかで，フォレットがボストン周辺の知識人たちと交流し，それを通じて時代的精神を自らのものとしていく時代としてとらえることができる。この時期，アメリカは，南北戦争以後の復興期にあり，急激な工業化の進展が行なわれていくと同時に，様々な社会問題が生じ，それに対応するように，各地で市民運動や，社会的活動が隆盛となってくる時期と重なっている。

　第2期は，1900年からのフォレットのソーシャル・ワーカーとしての活躍から第一次世界大戦の終結までの時期である。この時期，アメリカは，「革新主義」の時代を迎え，市民レベルでの民主主義の実現が叫ばれていた。婦人の社会福祉活動も盛んとなり，フォレットもボストンを中心とするソー

シァル・クラブの運営に力を注ぐようになる。ここで彼女は，単なる青少年の社交の促進にのみ努めたのではなく，市民として生きること，すなわち，組織の自主的管理について自ら体験させ，いわば「民主主義の実験」を行っていたといえる。そして，こうした活動を通じて，自らの問題意識を形成していったということができる。こうした体験と，第一次大戦の戦時統制の体験をきっかけとして，フォレットは地域の近隣集団の自主管理を基礎とした，生活レベルでの民主主義の実現を目指す。そしてそれと同時に，新たな世界秩序を摸索して，「地域集団」「国家」「世界」へと連なる彼女の独自のシステム観を打ち出した著作『新しい国家』を1918年に発表するのである。このなかでフォレットは，一生を通じて追い求めていく「全体との関係における個人の自由」という問題を明確に提起し，その中心的概念ともいえる「集合的観念」「集合的意思」を打ち出している。

第3期は，第一次大戦後のアメリカの経済的繁栄の時期から1929年に始まる大恐慌を経て，フォレットの死に至るまでの時期である。大戦後，アメリカの経済発展とともに，実務家たちが台頭し，社会を動かす原動力となっていく時期，フォレットもその活動領域を経営の分野へと広げていった。これは，彼女の問題意識の展開過程ととらえることができる。1924年には，彼女の理論的な結実とも言える『創造的経験』が出版されるが，ここで彼女は，『新しい国家』で提起した問題を，さらに理論的に展開するために，「相互作用」に着目し，動態的社会プロセスを描こうとする姿勢を明確に打ち出していく。このように展開することによって，彼女の理論は，あらゆる組織に適用できる一般的な性格を付与されることになる。フォレットは，実際に，自らの基礎的概念を用いて，組織と管理に関する問題に取り組み，経営者を対象とした講演活動を活発に行っていく。やがて，1929年を機に繁栄の時代は，一挙に不安の時代へと変わる。こうした状況のもとで，フォレットは，「計画された社会における個人主義」と題する講演を行い，自らの理論で実際の社会問題を分析し，これを通じて社会の人びとを喚起しようと試みる。そして，これを最後として，1933年65才の生涯を閉じるのである。

以上述べてきたように，フォレットの理論は，時代的・思想的背景の中で

自らの実践活動から生れてきたことが明らかとなった。そこで，第3章では彼女の思想的基盤について考察した。ここでは，①プラグマティズム，②「全体と個」の観点からみた民主主義，③機能主義，という三つの側面から検討した。

彼女の活躍した時期と社会的な交流を踏まえるならば，プラグマティズムの大きな影響があったことは否定できない。特に，それが顕著に現われているのが彼女の「真理観」である。プラグマティストは，真理を絶対的で静態的な観念としてとらえるのではなく相対的なプロセスとして把握していた。すなわち，具体的な生活や活動のなかで，ある観念がわれわれにとって真理となる——真理化していく——と考えていたのである。従って，それぞれの生活によって真理も異なる形をとって現われるのである。フォレットもまたあらゆる事物をプロセスとしてとらえており，真理を経験に基づくものとしてとらえていた。つまり，既に，彼女の社会的活動で見てきたように，「民主主義」「自由」などの概念を単に抽象的なものとしてではなくて，自ら社会に生き，日々の生活のレベルにおいて，具体的行動のなかに実現されてくるものとしてとらえていたのである。この点で，フォレットもまたプラグマティストであったと見ることができる。

次に，フォレットの民主主義の考え方について検討した。ここにもまた，W. ジェイムズの「一と多」の考え方，あるいは J. デューイの「新しい個人主義」に通じるプラグマティズムの思想が現われている。彼女は民主主義を単なる制度の問題としてとらえようとしたのではなく，「社会という全体」と「個人」との関係という観点からとらえようとした。ここで彼女は，民主主義の根本原理である「個人の自由」が，ばらばらな形ではなく全体との「機能的な関係」によって実現されることを主張した。ここでは個人の個性は，「全体との関係の深さと幅」によって測られるものであり，「全体を反映した個」と「個を反映した全体」が同時に存在するかぎり個人は自由であり，真の民主主義が実現されると彼女は考えたのであった。そしてこのことが実現されるのは，自律的な個人間の主体的な相互作用を通じて「集合的意思」と「集合的観念」が形成されるときであると考えた。ここから彼女は，

人間の「相互作用」の本質に注目するようになっていった。

　フォレットの思想を形作っているもう一つの側面は「機能主義」である。「機能」という概念それ自体は，色々に解釈が可能であるが，社会学上の歴史的な流れを見ると大きく二つの意味がある。一つは，フォレットが活躍した今世紀始めに出現した科学的説明や認識の傾向であり，「機能」を「活動」そのものとしてとらえ，静態的な構造や実体よりも，動態的な過程や関係に着目しようとした立場である。これに対し，今世紀半ばに現われた「構造―機能主義」に代表される機能の考え方は，動態的な要素が薄れ，構造を前提として，それを構成する諸要素と全体との対応関係を因果的に分析しようとする方法論となっている。現在はこうした因果分析に立った機能的方法に対して，N. ルーマンらにより批判がなされているという現状にある。フォレットの機能主義は，基本的には，前者の立場に立っている。しかし，因果分析とは異なる方法で，全体に対する個の関係を把握しようとしているという点で，機能分析の要素をも含みつつこれを乗り越える道を用意しているといえる。こうした彼女の機能主義は，後に「機能的統一体」「機能的権限」などの概念として，独自の特色を持つ組織の理論に具体的に結実することになるのである。

　以上のような思想的態度を踏まえ，第4章では，フォレットの認識方法がどのように特色づけられるかということについて検討した。彼女は社会や組織をプロセスとしてとらえていることは既に述べたが，ここでは「社会プロセス——組織プロセス——」の意味を考察した。フォレットは，これを「相互作用」「統一体化」「創発」からなる連続的過程であるととらえている。このことは，社会が個人の異なる価値を統合的に統一して新たな価値を創造していく過程であると同時に，個人が一度客体化されて，社会の全体性を形成するという過程としてもとらえられる。このことの意味を，A. N. ホワイトヘッドの「微視的過程」と「巨視的過程」という概念に照らし合わせることによって，明らかにしようと試みた。

　フォレットは，上に述べたように，社会をプロセスとして認識していたのみならず，それを把握し，描き出す際に使用される概念そのものもプロセス

として，すなわち「概念化」として理解していた。彼女は概念を，現実をとらえるための静態的な枠組と把握していたのではない。彼女は概念が我々の行為に影響を与え，そのことが社会的現実を変化させ，また概念を変えていくという点を重視していたのである。ここにもまた，彼女のプラグマティズムが現われているといえる。また，このような概念によってこそ，現実の姿，つまり彼女の目指した「そうなるはずのもの」が描けるようになると思われたのである。こうしたフォレットの概念を，筆者は「動態的概念枠組」と名付けた。

　以上のようなフォレットの認識方法は，認識主体と対象を切り離していないという点で，画期的な意味を持っている。われわれは社会をとらえるとき，主体である人間の主観というものを切り離せない。しかし，単なる主観的にのみこれをとらえているわけではない。そこには，人間の相互作用による「共同主観」のようなものが成り立っていると考えることができる。フォレットは，前述の「集合的観念」という形でこのことを指摘しており，こうした考え方が，彼女の認識方法にも反映されていると考えることができるのである。

　さて，このようにフォレットの方法的特質を踏まえた上で，次には彼女の学説上の基礎的概念を筆者の観点から選定し検討を加えた。ここで言う概念とは，上記の「動態的概念枠組」であり，フォレットが組織の動態的プロセスを描く際に不可欠となるものである。（以下重要な概念をゴシック体で示す）

　まず第一は**円環的反応**として表わされている「相互作用」概念である。これは，彼女が組織を描く際の，最も基本的な考え方とも言える。ここで重要なことは，単に「作用－反作用」や，「刺激－反応」といった直線的行動として相互作用をとらえているのではなく，当事者双方が互いに相手との関係そのものにも反応して統一的全体を形成していくという状態を示している点である。こうした概念を提示することにより，フォレットは，社会を構成している人びとの行為の交織を描いたのみならず，そこにおいて相互に絡み合う価値や欲求の交織の過程さらには，集合的観念が形成され全体的な統一的

組織が形成されていく過程をも描きうる基礎を作ろうとしたと考えられる。

　こうした相互作用は，常に円滑に進展していくとは限らない。人間個人に固有の価値観を認めるならば，意見の相違や対立は免れ得ない。フォレットは，こうした**対立**（コンフリクト）に積極的な意味を与えた。対立は，当事者の欲求のぶつかりあいであり，一方的な支配や双方の妥協によれば円環的反応の阻害要因となる。しかし，双方の欲求が満たされるような新たな価値が創造できれば，個人の自由も実現され，組織は新たな段階へと進展すると考えたのである。これを彼女は**統合**として組織動態化の中心的概念とした。またここにおいて新たな価値が生れることを**創発**と呼び，以上の円環的反応・対立・統合・創発の同時的プロセスとして組織を描き，最終的には，社会過程を描いたのである。

　このようなプロセスを全体として把握した概念が，**統合的統一体**あるいは**機能的統一体**である。フォレットは，こうした二つの概念をもちいることによって組織の二つの側面を描こうとしたと考えられる。すなわち，統合的統一体によって，個人の価値が相互に浸透しあって，集合的観念を形成し，全体的な価値へと統合されていく過程を示し，機能的統一体という概念で，個人の機能がいかに関係付けられて組織全体として機能するか，という全体と個の関係を描こうとしたと理解できるのである。こうした，組織の動態的なプロセスが調整されていく過程は**状況の法則**として表される。すなわち，フォレットは基本的に，組織は自ら調整されるプロセス——自己調整プロセス——であると認識していた。ここで組織の自己とは何かという問題が生じるが，フォレットは，これを「集合的意思」にコントロールされた「個人」としてとらえていたように思われる。こうした集合意思が形成される場が，人びとの相互作用の場である「状況」であった。したがって，彼女は，個人が「状況」の要求を認識することによって自己調整することにより，組織は全体として統制されることになると考えたものと思われる。

　第5章では，先に示された基本的概念の上に立って，フォレットの組織論，管理論がどのように展開されているかということを筆者の観点から整理し，現代的意義を踏まえながらその意味を考察した。まず筆者は，彼女の示

した組織を大略的には「活動のネットワーク（交織）」としてとらえ，これを (1)「行動の交織」 (2)「経験の交織」(3)「機能の交織」(4)「責任の交織」という四つの側面から考察した。

(1) では，個人の行為が円環的反応によっていかに組織的な行為となり，さらに，それが環境とどのように相互作用しているかという点を明らかにした。ここでフォレットは，組織を有機的な存在としてとらえ，単に環境に適応するのみならず環境と円環的反応を行ない，統合的全体を作り出している「環境的複合体」としてとらえている点が注目される。これは現代の組織化理論とも類似する点である。

(2) においては，組織というものを，「個人的経験」を絡み合わせて，「組織的経験」を蓄積させていく場であることを示し，組織が過去から未来に至る時間的な存在であることと，「意味形成」ないし「意味解釈」の場であることを明らかにした。このことは，組織が，文化や風土を形成する場でもあることを含意していると理解できる。

(3) においては，機能の体系としての組織の動態的な意味と人間の主体性との関わりについて考察した。フォレットによれば，組織における機能とは，単に組織の目的から導き出される分担された客観的な職務ではなく，人間の主観的な意味づけと行為を通して実現されていく過程である。それを「機能化」と呼ぶならば，人間は機能化することにより，全体と関係づけられ自ら主体化していく存在であることをフォレットは指摘している。このような観点は，思想的基盤で触れた「全体と個」の問題を組織というレベルで具体的に展開したものであり，組織における人間の自由の問題を考える際の中心的な考え方となるものである。

(4) は，フォレットの場合，機能との関わりで捉えられる。すなわち，人間は，自ら機能を果たすことによって，責任を果たしうる存在であるというのが彼女の人間観であり，このことを通じて，組織における個人は自らの自由を実現することにもなる。また，フォレットは「個人の機能に対する責任」と同時に「組織全体への責任」をも指摘していることから，責任は，組織と個人の機能的関係づけを支えるものとなっている。さらに，前述のよう

にフォレットの機能概念は「活動」と同義でもあることから，責任は組織の動態化を支える要ともなるのである。この点で，フォレットにとって，責任の概念は，組織動態化という理論上の問題においても，また，人間の自由の実現という経験上の問題からも，最も重要な概念となっているのである。この点が，現代の組織動態化理論には欠けている部分であると思われる。

　以上のような組織観に基づき，最後にフォレットの管理論について考察した。彼女は，基本的に，管理を自己統制の過程としてとらえている。そしてそのために組織の参加者が共同して状況を研究し「状況の法則」を発見し，これに従うことを管理の本質としていた。これは，彼女の基本的概念のところで述べたとおり，人びとの相互作用によって成り立っているはずの集合的意思，集合的観念を見出して，これを管理の基本に据えることであったと考えられる。その意味では，「個人の」自己統制であると同時に，「組織」の自己統制理論であるといえる。そこでは，管理者の役割は，状況を整え，集合的意思を形成するための基盤を作る助言者的な存在となる。この時に必要となるのが，調整のための四つの原則であると考えられる。すなわち，(1) 関係している，責任者による直接の接触による調整，(2) 初期の段階における調整，(3) 特定の状況にある全ての要因を相互に関係づけるものとしての調整，(4) 継続している過程としての調整である。管理者は，あくまでも，当事者の自発的な調整を促進させる存在としてとらえられるのである。

　しかし，このようなことが実際に可能となるためには，その状況にある全ての人間が同じ様に情報を持ち，同じような認識能力や，調整能力を持っていることが前提とされなければならない。しかし，現実にはそうではない。彼女がここで中心的問題とするのが，全ての人びとに状況判断の能力をもたらすような「教育」の必要性ということであり，これを可能とするようなリーダーシップのありかたについてである。そこで，注目されねばならないものが，「機能に基づく権限」と「命令の非人格化」という問題であった。彼女がここで主張したかったことは，「特定の人間が他の人間の上に立って統制することはありえない。」ということであった。彼女は，あくまでも「機能的統一体」あるいは「統合的統一体」としての全体状況というものを強調

し，ここに権限の源泉があり命令の基盤があることを主張したのである。

　ここで，彼女のリーダーシップもまた「状況」に帰着することになる。彼女の描いたリーダー像とは，状況——組織の動態的プロセス——を最も良く認識し，その求めるもの——参加者の集合的意思，集合的観念——を察知して人びとにこれを認識させ，人びとが自ら状況判断の能力を開発するように導く人物であったと考えられる。そして，このことが彼女の主張した「事実による統制」の意味であったと理解できる。こうしたリーダーが存在するならば，その時「統制の下での自由」，すなわち「全体との関係を通じての個人の自由」が実現されるとフォレットは考えていたと思われる。

　以上のような考察を踏まえ，最後にフォレット思想の現代的意義とその限界について探ってみたい。

2．フォレット理論の現代的意義

　2001 年 9 月 11 日，ニューヨークの世界貿易センタービルに二機の旅客機がつっこみ，アメリカの経済発展の象徴のようなツインタワービルは，世界中の「観客」の目の前で崩れ落ちていった。筆者自身も観客の一人として，英国バーミンガム大学で国籍の異なる数名の学生達とテレビの「実況中継」を見つめていた。誰一人として何が起こったかはわからなかった。ただ映画の一シーンのようにリアリティーの失われた画像を，ひたすら無言で見ていた。街ではムスリムコミュニティの古老達が額を寄せ合い，人びとはその横を足早に通り過ぎていった。怒りと悲しみと諦めの入り混じったような，その複雑な表情が今でも目に焼きついている。あれが 21 世紀の幕開けだったのかもしれない。あの日から，確かに世界は変わった。

　「悪の枢軸」から民主主義を守るアメリカの「聖戦」がそれから始まった。大義名分が崩れ去った今でも争いはやむことなく，世界に広がるテロはまた新たなテロを生んでいる。人種のサラダボールと呼ばれるアメリカの多元主義の脆さがあらわになったとも言えるが，この痛みと苦しみをバネにして初

めての黒人大統領も生まれた。その強靭な民主主義への希求と行動力こそが，アメリカ社会を支えているのだと思う。そこにはフォレットの時代と変わらぬ自由の精神が生き続けている。

一方で，サブプライムローン問題に端を発し瞬く間に世界へ広がった金融危機は，個人の市場競争こそが自由を獲得する重要な手段であると信じてきたアメリカの資本主義の弱点をあらわにした。1990年代のエンロン，ワールドコム事件で明らかとなった企業の不祥事（企業システムの欠陥と経営責任の不在）とも相俟って，アメリカ型経済システムに対する大きな不満と不安が世界に蔓延しているように思える。この金融危機を1929年の世界恐慌となぞらえる人びとも多く，それを乗り越える道はまだ見えていない。

さらに，インターネットの発達によって世界中に張り巡らされた情報ネットワーク社会は，世界中の人びとが民族，宗教，文化，政治，経済の壁を軽々と越えて，既存のいかなる権威にも縛られることの無い自由な空間を開いてくれたかに見える。しかし，そのネットコミュニティーの利便性とともに現れてきたのは，実社会と同じような，いやそれ以上に過酷な民族間のネット上の対立や，匿名性ゆえに激しさをます個人への誹謗中傷，過剰なネットビジネスや市場コントロール，さらにサイバーテロやそれに対抗する見えざる情報統制という姿である。

「もし，フォレットがこの時代に生きていれば」という問いの陳腐さは十分に理解したうえで，それでも，この問いを敢えて発してみたい。すなわち，20世紀が生んだ社会システムのひずみや限界に直面して，フォレットの思想は解決の糸口を見出す手立てとなりうるのか。それとも，フォレットの思想もまた，捨て去られるべき20世紀の遺物なのだろうか。

本書を通じて検討してきたように，フォレットの思想は多元社会アメリカにおいて，背景も価値も異なる人びとが自らの社会的機能を主体的に果たし，相互作用を通じてそれぞれの機能や行動，経験，責任が交織されることによって「機能的統一体」である組織を生み出し，それが創造的に発展していくという社会的プロセスの動態を描いた。そこに生ずるであろう人種や階層の対立も忌避すべきものではなく，建設的に解決して統合へといたる道を

模索できるなら，それは社会を発展させると同時に個人の自由を実現するための契機となると彼女は考えた。そして，統合へといたるための方法として，参加者全員が「状況」を観察しそこで求められていること見出して，「状況の法則」に従って自ら調整するという統制の方法を提案した。つまり，彼女が提案したのは，人が上からの権限に基づいて支配しコントロールするという組織ではなく，それぞれの人びとが自らの機能に基づく権限を行使することを通じて，相互に調整されていくという水平的かつ継続的な組織の姿であった。そのような不断のプロセスを通じて，具体的な日々の生活レベルからの民主主義が実現されるとフォレットは考えていた。

　彼女の思想の中で特徴的な点は，今日のネットワーク社会の原型とも言える社会像を動態的プロセスとして，つまり「ネットワーキングプロセス」として描いてみせたところにある。なかでもユニークなところは，先の組織論のところで検討したように，社会の基礎を個人の相互作用におき，「活動」「機能」「経験」「責任」の「交織（interweaving）」として上で，それぞれの「相互作用（円環的反応）」「統一化」「創発」のプロセスとして組織の動態を描こうとしたところである。この点は，今日の組織的あるいは社会的問題を分析する上でも重要な視点を有していると思われる。

　組織を活動の体系として捉えることや機能（特に職能）として捉えることは，すでに今日の組織論ではある意味で常識である。しかし，彼女の新奇さは，それぞれの要素そのものも常に全体状況の中で変化しうる存在であることを指摘した点にある。例えば機能に関しても，組織の中で固定化された役割として存在するのではなく，それ自体が環境変動と状況の変化の中で実質的には絶えず動きながら他の機能と結びついていることを指摘した点は極めて重要である。今日の流動的な社会状況の中では，このことを意識するか否かにより，組織全体の問題状況の把握とその解決に大きな違いが生じると思われる。

　さらに，経験の交織として組織を捉えたことは，彼女が経験を「創造性」と結び付けて考えていたことと併せて考えると，大変重要な意味を持っている。経験はわれわれの行動の背景にあるものであり，フォレットによれば個

人の「自己維持」と「自己発展」の二つの機能を果たしている。つまり，われわれは自分自身の経験の蓄積の上に，その意味を解釈しながら次の意思決定を行っている。またその経験の蓄積が個人の人格や価値観そして個性を作り上げていく。そのような個人にとっての経験が，人びとの相互作用を通じて織りあわされることにより，組織的経験として蓄積されて全体状況を作り出し，それが個人と組織との双方に影響を与え「創造性」の源泉になるというプロセスをフォレットは描こうとした。これは，「意味解釈のプロセス」や「組織文化」の観点から組織を捉えようとする今日の理論にもに通じるものがある。さらに，経験の蓄積を次なる組織の問題解決に生かしていくという点では，「組織学習」の理論にも通じるような観点を有していると思われる。これらの今日の理論の背景には，解釈学や言語論，文化人類学，認知心理学などの細分化された学問的発展があると思われるが，今日改めて，これらを統合する意味で「経験」という地平に立って組織動態プロセスを考え直して見る必要もあるのではないか。そのことにより，個人には還元できない組織的経験全体の形成プロセスにも光をあてることができるように思われる。

さて，最後に責任の交織としての組織という観点であるが，これは，今日の組織責任を考えていくときに，極めて重要な枠組を提示していると思われる。エンロン，ワールドコム事件を発端として，世界中で注目されるようになった企業不祥事は今日でも後を絶たず，それに呼応するようにコーポレートガバナンスやコンプライアンスの議論が盛んになっている。これらの多くは，企業行動を規制していくようなルールや仕組みづくりへと結論付けられるものである。しかし，そのような制度や罰則のみでこの問題を解決することが不可能であることは，今日の企業社会の状況をみても明らかである。

このような問題を，それが発生する組織状況の中で改めて捉えなおそうとするとき，フォレットの理論が極めて重要になってくる。なぜならば，彼女は責任が権限と共に上から下へと「委譲」されてしまうものではなく，それぞれの機能や職務に付随しているものであって，協働状況では，個人個人の責任が互いに織り合わされて「累積的」責任として存在するという見方を示

した。従って，上司が部下へと責任を委譲してしまえばそれで終わりということもなく，また，部下が上司の命令を守りさえすれば責任を果たしたことになる，ということもありえない。互いが自らの専門的職務に基づく責任を果たし，それらを互いに織り合わせていくプロセスこそが，組織的な責任遂行のあり方であるということをフォレットは指摘したと思われる。このような視点から，現代の責任問題を行為の発生と遂行というプロセスから捉えなおしたとき，新たな解決策が生まれてくるように思われるのである。さらに，「共にある権限」という考え方も極めて重要であると思われる。

P・グラハム編『M・P・フォレット　管理の予言者』(*Mary Parker Follett-Prophet of Management: a celebration of writings from the 1920s*, 1995) のまえがきで，ハーバード・ビジネススクール教授（当時）のロサベス・モス・カンター（Rosabeth Moss Kanter）は，以下のように述べている。

　いわゆる新しいマネジメントのアイディアと呼ばれているものの多くは，フォレットの仕事を踏襲したものである。ジム・ヘスケット（Jim Heskett）の『サーヴィス経済におけるマネジメント』は，サーヴィスのマネジメントを全般的なマネジメントの一部として取り上げることを提唱しているが，それより前にフォレットは，消費者へのサーヴィスを「笑顔でサーヴィス」という標語以上の意味を持つものとして把握していた。『巨人がダンスを学ぶとき』で私が示したように，戦略的連携やジョイント・ベンチャーについて研究していたわれわれのうちの誰かが，競争相手との協働の意義を見出すよりもずっと以前に，フォレットは，いつ，競争が一種の協働に変わりうるかについて分析していた。たとえば，競争者たちがある産業を構築したり，最終消費者に向けて，最高品質の商品やサーヴィスを提供するために力を合わせる取り引き連合の形成，協働的信用システム，見習工育成の専門学校設立のための同業者の連携，同業種の管理者間会議，人事管理者協会のような専門職業団体が彼女の執筆中に形成されていた。連携という形態は，高度で

グローバルな競争から生じた新しいアイディアではなく，フォレットのアイディアの新しい形なのである。デヴィッド・オズボーン（David Osborne）とテッド・ゲーブラー（Ted Gaebler）が，民営化と草の根の企業家精神による政府の再生をアメリカに警告する何十年も前に，フォレットは，官僚的組織を，共通目的を持ち，権限を与えられた集団的ネットワークに置き換えるように，リーダーたちに力説していた。

　今日の管理者達に関連する多くの問題についてのさまざまな論評を通じて，フォレットは1つの原理的なメッセージを私達に与えている。それは関係の重要性である。彼女の全ての仕事の支柱は，組織における単なる業務ではなく，関係の重要性である。彼女は関係の互酬的特質を指摘し，公式の権威が示されている場合でも，人々が協働するときに相互影響力が進展していくことを指摘した。彼女は一般システム理論を組織に応用したが，それは，原因と結果の交織を主張するものであり，行為者と行為は単独で考察することはできず，それは他の行為者と行為との関係においてのみ考察可能であることを論ずるものであった。組織プロセスの動態的性質に関する彼女のアイディアは，私が共著者とともに『組織的変化へのチャレンジ』で描写した，絶えず動き続ける世界によく当てはまっている。[1]

　以上のように，カンターは，現代の新たな理論のアイディアのいくつかが，すでにフォレットによって先取りされていたことを指摘し，フォレット理論の新しさと普遍性について高く評価している。そして，その基本的なメッセージは「関係の重要性」にあるという。この点については，筆者も本書の随所で指摘してきたところであり，この点こそが，フォレット理論に今日的な意義をもたらす大きな要素の一つであると思われる。また，カンターも指摘しているように，フォレットの「動態的プロセス」のアイディアは，確かに今日の変化し続ける社会を描写するのに有意義な視点を有していると思われる。

　とはいうものの，フォレットの活躍した時代からほぼ一世紀間，彼女の理

論は一部の専門的研究者を除いてはあまり省みられることはなかった。その理由はどのようなところにあったのであろうか，そして，今，なぜフォレットの思想が必要なのであろうか。以下においてはその点について若干の考察を加えてみたい。

3．フォレット理論の限界——20世紀の波のなかで——

フォレットの発想の原点は，すでに見てきたように，自らの活動現場である20世紀初頭のアメリカ，ボストンのコミュニティー形成にあった。南北戦争以後，産業化社会へと著しい変貌を遂げつつある国際都市ボストンで，アメリカンドリームを夢見て世界中から集まってきた移民たちは，異なる言語，習慣，宗教，文化を背景に，互いに競い合い共に協力し合いながら，日々を「生きて」いた。そのような現実の中で，フォレットは人びとと共に現実を見つめ，自由と平等を実現できる多元的コミュティーを創り上げる方法を模索し続けた。そこから生まれてきたのが彼女の思想であり，理論であり，具体的な問題解決の方法であった。従って，彼女の理論は最初から「組織」や「管理」の理論を目指したものではなく，コミュニティーの問題解決のための方法やその背後にある基本的考え方を示そうとするものであった。従って，秩序づけられた体系性や論理性には欠けていると言わざるをえない。その代わりに，現実から汲み上げられた問題意識の鮮烈さと，プラグマティズムに基づく思想の躍動感に満ち溢れている。

フォレットを「マネジメントの発明者」と評価し[2]，その思想から大きく影響を受けたというドラッカー（P. F. Drucker）は，全体主義の嵐吹きすさぶヨーロッパからアメリカに渡り，「自由にして機能する」産業社会の実現を目指し，その一生を壮大なマネジメント思想の構築と啓蒙に捧げた。フォレットとは活躍した時代も場所も表現も異なっているが，この両者の結節点は，共に自由な多元主義社会を理想としたこと，そして「機能」する「組織社会」として現代社会を描こうとしたところにある。フォレットの限界を検

討するにあたり，ここではドラッカーの自由論と機能的組織論との対比をしておこう。

ドラッカーの自由論の基盤にある人間観は，「不完全で弱く，罪深いもの，塵より出でて塵に帰すべきものでありながら，神のかたちにつくられ，自らの行為に責任をもつもの」というキリスト教的人間観であり，その上に次のような自由論が展開される。

> 自由とは，権利というよりもむしろ義務である。真の自由とは，あるものからの自由ではない。それでは特権にすぎない。自由とは，何かを行うか行わないかの選択，ある方法で行うか他の方法で行うかの選択，ある信条を信奉するか逆の信条を信奉するかの選択である。自由とは解放ではない。責任である。楽しいどころか，一人ひとりの人間にとって重い負担である。それは，自らの行為，および社会の行為について自ら意思決定を行うことである。そして，それらの意思決定に責任を負うことである。[3]

ドラッカーは，ヨーロッパの全体主義を目の当たりにした経験から，いかなる人間や集団にも絶対的な完全性や正義はあり得ないことを強く感じたのであり，そのことから，弱さと脆さや限界を持ちながら，それでも自ら責任を持って行為を選択するという人間観にたどりついた。しかし彼は，この社会におけるいかなる絶対的な価値や真理を認めないという一方で，安易な価値相対性の立場にも警鐘を鳴らす。なぜならば，極端な価値の相対化は最終的に無政府状態を生み出してしまい，このこともまた自由な社会の実現とは程遠いからであるという。

従って，人間が自由を獲得するためには，社会が正しく「機能」しなければならないとドラッカーはいう。彼にとっての社会とは「一人ひとりの人間に対して『位置』(social status)と『役割』(function)を与えるもの」であって，この位置と役割が社会の基本的枠組を規定し，社会の目的と意味を決定するという。また，重要な社会権力が「正統性」(legitimacy)を持たなけれ

ばその社会は機能しない，とドラッカーは断言する。この権力の正統性は，基本的枠組みの中で空間を規定し，社会を制度化し，諸々の機関を生み出すものであって，当該社会の価値観や信条，社会的エトスに合致したとき，はじめてその権力が正統なものとして認められる。「その理念自体が倫理的に良いか悪いか，形而上的に正しいか間違っているかではなく，正統な権力とは，・社・会・的・に・機・能・す・る・権・力のことである」（傍点は筆者）とドラッカーは主張する。[4]

　このようなドラッカーの社会論もまた，先に述べた自由論を基盤としているといえよう。すなわち，社会とはあくまでも「責任ある選択」を行う自立的な個人から形成されるものであって，彼らに対して「位置」と「役割」を与える場であるという考え方である。旧来の社会が，歴史や伝統，階層などによって位置と役割が固定化されており，そこに個人が受動的に組み込まれていく存在であったと考えれば，改めてドラッカーの主張の意味が鮮明になる。すなわち，伝統社会ヨーロッパからアメリカに渡ったドラッカーがそこで見たものは，民族や伝統，宗教がいかに違っていても，それぞれの人間に「位置と役割を与える」ことにより「機能する社会」そしてそのことによって自由を実現する多元的社会の姿であった。

　彼は『新しい現実』（*The New Realities*, 1989）の中で，多元的社会そのものは歴史上にも存在してきたが，それらのほとんどが「権力」に基づくものであったのに対し，今日の多元社会は「機能」に基づくものである点で大きく異なっていると指摘している。[5] この多元社会を構成しているのが，家やコミュニティーや国家といった主体ではなく，個々の専門的目的を持った「組織」であり，その成果を達成させるための不可欠な要素が「マネジメント」であるという。こうして，「組織とマネジメント」という要素が，ドラッカー思想の中で，「自由にして機能する多元的社会」を実現するための基幹的な役割を果たすことになる。彼は1940年代の代表作『会社という概念』（*Concept of Corporation*, 1946）で組織の重要性を明らかにしているが，その姿勢は1990年代の終わりの著書『ポスト資本主義社会』（*Post-capitalist Society*, 1998）まで貫かれている。

『ポスト資本主義社会』の中でドラッカーは，組織を家族やコミュニティーなどの伝統的な集団のように言語，文化，歴史などの人間の紐帯によって形成されるのではなく，特定の共通目的のもとに設計・形成され，専門家によって成り立っている集団であると述べている。つまり，組織は特定の一つの目的に基づいて専門化された存在なのであり，個々人の専門知識を互いに結びつけることによって生産性を上げ，効果的に機能していくものである。逆に言えば，個々人の専門的知識はそれだけでは効果的に機能しないが，組織によって結び合わされることによって，はじめて生産性を上げることができる。このことが現代知識社会における組織の存在意義であるとドラッカーは捉えているのである。

ドラッカーは，社会やコミュニティーや家族と組織との違いを「社会やコミュニティーや家族は『存在』するが，組織は『行動』する」という言葉で明言している。つまり，社会やコミュニティーや家族が自己目的的で自己完結的であるのに対し，組織は「明確な使命や目的」のもとに一体化し，その目的を目指して「意識的に行動」することによって初めてその存在意義が認められるという意味である。「組織は外部に成果を生み出すために存在する」という彼の言葉がこれを端的に表している。今日では企業のみならず，病院や学校，政府やNPOなど，目的の異なる多くの組織が存在し，それぞれの使命に基づいて成果を上げることで自らの責任を果たしている。彼は，いまや全ての先進国が組織社会になったと指摘するのである。[6]

以上見てきたように，「機能する社会」を自由社会の根底に据えたというで，フォレットとドラッカーは極めて類似した考え方を持っているが，その後の論理の展開はかなり異なっている。すなわち，フォレットがコミュニティーの論理と組織の論理とをともに人びとの「相互作用」の観点から描き，両者を同じものと考えたのに対して，ドラッカーは明らかにコミュニティーの論理とは異なるものとして「組織の論理」を提示している。また，それを動かす管理（マネジメント）の考え方に関しても，両者共に「自己統制による管理」を基底に据えているものの，個人目標の実現と全体目標の実現を対置させて捉えたドラッカーに対して，個人から全体へと展開されてい

く統制の動的プロセスを強調したフォレットでは，管理論の色彩はかなり異なっているように思われる。

　共にアメリカの多元社会の中で自由の実現を目指したとはいえ，フォレットとドラッカーは生きた時代も場所も問題関心も異なっている。従って，上記のような理論展開上の違いが生じたとしても不思議はない。しかし，このことが両者のその後の社会的影響力を決定付ける大きな要因になったと筆者は考える。すなわち，ドラッカーは社会的機能の問題に着目し，それを展開する場として特定の目的を持った組織体の重要性に着目した。つまり，それまでの社会や自然発生的なコミュニティーとは全く異なるものとして，特定の専門的目的を持ち，社会的機能を遂行するものとして「組織」の存在を明確に捉えた。そして，その「目的を実現」させていく原動力としてのマネジメントの重要性を訴えた。また，そこにおける権力は社会的に機能することによって正当化される，という理論を展開した。

　これは，社会にとって重要な「制度」として組織を位置づけるという姿勢であり，これまでの封建的社会，伝統的コミュニティーとは決定的に異なる「組織の原理」で産業社会が動いていることの指摘であった。このドラッカーの指摘の正しさは，その後の巨大企業社会の発展などを見れば明らかなことである。これに対して，相互に関連づけられていくプロセスとして社会やコミュニティーを理解し，それを企業などの組織に拡張させて一貫した議論を展開するフォレットは，コミュニティー形成論としての説明力はありえても，産業社会や企業社会の組織，とくに目的遂行を目指した合理的構造としての組織の側面を語るには，あまりに牧歌的で説明力を欠く論理であると思われても仕方が無いように思われる。

　20世紀の組織社会は，ドラッカーの指摘したように，専門的な目的に基づいて合理的に構造化された組織がそれぞれの社会的機能を果たすことによって成り立ってきた社会であった。その組織の中で，個人は位置と役割を与えられることによって社会的存在として機能し，その機能を通じて経済的，社会的，政治的な自由を獲得していく。ドラッカーが描いた20世紀の自由とは，あくまでもこのような組織における機能を通じて，そして各個人

が組織において責任ある選択を行うことによって，はじめて実現されるものであった。このような論理は，とくに欧米型の産業先進国の社会論理としては極めて時宜にかなったものであり，わが国も含めてドラッカーの思想は高度経済成長を牽引する論理として脚光を浴びていった。それに対して，フォレットの理論は一部の専門的研究者を除いては，あまり省みられることはなかった。しかし今，われわれはドラッカーのような 20 世紀型の論理にも限界を感じ始めている。

4．21 世紀とフォレット思想

　21 世紀の多元的社会の様相は，フォレットの時代とはかなり異なっている。ドラッカーはそれを「トランスナショナリズム」「リージョナリズム」「トライバリズム」という三つのベクトルがそれぞれ別の方向を向いており，「ベクトル間の等式」が不安定で予測不可能な時代であると指摘した。[7)] つまり，20 世紀の終わりから急速に進展した経済のグローバル化，IT による情報のグローバル化が政治的，文化的にも大きな影響を与え，国家意識や国家の境界の概念を変化させるとともに，EU に代表されるような経済的な地域統合（リージョナリズム）や民族主義（トライバリズム）への回帰が起こってきた状況を指している。われわれは今や世界中の商品を使用し，グローバル市場を相手にビジネスを行い，ネット上で世界の人びとと交流を行う一方で，自らの中に民族や文化へのアイデンティティを求め続けている。

　さらに，現在，世界を巻き込んで泥沼化する金融危機は，経済的自由主義を前提とするに資本市場の脆さをあらわにし，グローバルな経済システムの混乱とともに人びとに不安感，不信感を煽っている。これは，今日では世界の経済システムが同時に情報システムでもあり，全てが相互に結びついて変化を増幅させていった結果でもある。これもまた 20 世紀型システムの限界なのであろうか。

　また，コンピュータによる情報化社会（インターネット社会）は，果たし

て自由な社会なのだろうか。その問題は多くの情報社会学者や政治学者らによって現在議論がなされている。インターネット社会は，従来の権力関係や階層関係を離れ，世界に「開かれた社会」を前提とした自由な空間である，という立場もあれば，極めて陰湿な匿名性に満ちた閉鎖空観であるとする見解もある。ネットの管理者達により徹底的にコントロールされている社会であるという見方もある。その議論は尽きることが無い。

　このような状況の中で，1980年代以降の政治学におけるコミュニタリアニズムの立場に代表されるように，多元的社会のアイデンティティを求めて新たなコミュニティーの論理を復活させようとする兆しがある。彼らの思想の根底には，行き過ぎた個人主義や勝手気ままな自由主義を是正し，今一度コミュニティーの役割や社会的善，そして公共性の問題を見直そうとする一貫した立場がある。このような流れの中で，われわれは今一度フォレットの思想を再考するときを迎えていると思われる。しかし，彼女の思想を現在の問題にふさわしい形で再展開するためには次のような問題が残されている。

　第一に，フォレットが対象としていた近隣コミュニティーの世界では，人びとが直接に相互作用を行い，その対面的コミュニケーションを通じて問題を解決していくということが前提となっていた。しかし，先に述べたように現在のインターネットを通じた情報空間での相互作用を前提とした場合，そこにおける相互作用はどのように行われ，状況の「リアリティー」はどのように形成されていくのであろうか。

　第二に，フォレットは対立を統合的に解決することを重視し，そのために関係する人びととの直接的接触による調整を重んじたが，現代の状況下ではこれもまた困難な場合がある。さらに情報化社会においては，情報の偏在の問題もあり，問題解決へ向けてどの程度の情報が互いに提供できるか困難なこともある。

　第三に，フォレットは「行動」「機能」「経験」「責任」の交織プロセスとして組織をとらえていたが，これもまた人びととの直接的な接触による交織プロセスであったと思われる。今日のグローバル化，情報化時代において，これらの交織はどのようにして可能となるのだろうか。

第四に，フォレットは「人による管理」から「事実による管理」を主張し，「状況の法則」を提唱したが，この「状況」もまた直接的な人びとの接触による協働状況を前提としていたように思われる。もちろん，現代においてもこのことは必要であるが，これもまたグローバル化，情報化の進展の中では，「状況」のリアリティーを構築する新たな方法を考えていく必要があると思われる。

　20世紀は「組織の時代」「管理の時代」とも呼ばれたが，その前提にあったのは「生産性の向上」や「経済的発展」による人類の幸福の実現という信念であり，それこそが個人に自由をもたらすという確信でもあった。人は人と協働し，この夢を実現しようとした。しかし21世紀に入り，この大前提そのものが揺らいでいる。経済，政治，宗教，民族の問題に加え，地球環境の破壊，食料や資源の枯渇問題，これらは産業社会や資本主義社会の大前提にあった「経済発展による人類の幸福」という意味それ自体を問い直す必要性をわれわれにつきつけている。また，個人の夢を実現するはずであった組織や管理そのものが，人を苦しめ抑圧する道具ともなった。その結果，肉体的・精神的に傷つけられる人びとも増加している。

　21世紀が果たして「組織の時代」「管理の時代」と呼ばれ続けるのかはまだわからない。20世紀に築いた社会もわれわれの夢も，もしかしたら崩壊してしまうのかもしれない。しかし，われわれは今一度，フォレットという巨人の肩を借りて，とりあえず自分達の目の前の問題に取り組んでみてもよいのではないだろうか。彼女が最後まで追い求めた「人と人が共に生きられる自由な社会」をこの21世紀の世界に実現させるために。

注

1) Graham, P. ed., *Mary Parker Follett-Prophet of Management: a celebration of writings from the 1920s*, Harvard Business School Press, 1995, pp. xv-xvi.（三戸公・坂井正廣監訳『M・P・フォレット：管理の予言者』文眞堂，1999年，pp. xv-xvi。）
2) ピーター・ドラッカー著，牧野洋訳『ドラッカー 20世紀を生きて―私の履歴書―』日本経済新聞社，2005年，130頁。
3) Drucker, P. F., *The Future of Industrial Man*, Tranzaction Publishers, 1995 (Original 1942), pp.109-110.（上田惇生訳『産業人の未来』ダイヤモンド社，125頁。）
4) *Ibid.*, pp.27-34.（上掲訳書，22-28頁。）

5） Drucker, P. F., *The New Realities*, Harper Business, 1994 (Original 1989), p.83.（上田惇生訳『新訳　新しい現実』ダイヤモンド社，2004年，89頁。）
6） Drucker, P. F., *Post Capitalist Society*, Transaction Publishers, 1998, pp.48-56.（上田惇生訳『ポスト資本主義社会』ダイヤモンド社，2007年，64-73頁。）
7）　*Ibid.*, p.228.（上掲訳書，199頁。）

補　章

'managerialism' の形成とマネジメント思想
──M・P・フォレット「専門的職業としてのマネジメント」論の検討──*

1．緒言──問題提起──

　20 世紀の西欧先進国を「組織の時代」であると同時に「マネジメントの時代」であると性格付けることに異論を唱える者は少ないであろう。このことを最も鮮明に表明した人物のひとりに W. スコット（Scott）がいる。彼は著書 *Chester I. Barnard and the Guardians of the Managerial State* の中で，第一次大戦と第二次大戦の戦間期 20 年間に，アメリカで最も重要なマネジメントの理論的基礎が確立され，同時にイデオロギー的な諸価値が形成されたと主張し，この価値に根ざした 20 世紀のアメリカを "Managerial Age" と特徴付けている。[1]

　スコットによれば，この世紀の特徴を示唆する象徴的な記述は 1887 年に W. ウィルソン（Wilson）が公にした "The Study of Administration" には既に表れているという。[2] これは政府行政官の専門化による市民サービスの改正を論じたものであり，政府機関の組織と方法（methods）の発展は，当時の大企業や経営共同体で発明され，開発，応用されている「行政の科学（science of administration）」の応用を通じて達成されうる，というものであった。[3] この「行政の科学」を貫いている原理は，スコットの解釈では，能率（efficiency），科学，合理性，能力（competency），そして道徳的品性（moral integrity）である。[4] このような基本的行動原則を持つ人びとが「マネジメント階層（management class）」の人びとであり，この人びとの価値・理念を一言で表せば，「マネジメント主義（managerialism）」というこ

とになる。この人びとは時代的要請の下で20世紀のアメリカを席巻し時代を築いた人びとであると言える。「専門経営者」の出現といわれる現象は，マネジメント主義という新たな時代的価値（時代精神）の出現と言い換えても良いであろう。[5]

マネジメント主義の特徴をスコットの主張に沿って要約すれば，「社会的調和」と「物質的豊かさ」が人びとに提供されることにより国家の安定が得られるという理念であり，マネジメント・リーダーである専門経営者は，この理念の実現によってのみ，その存在を社会的に正当化されることになる。この意味で，経営者はアメリカ近代化の守護神であり，国家の平和と繁栄と進歩をもたらす組織的原動力を司る執事となる。[6]

このような状況はアメリカ固有のものではなく，高度に近代化・産業化された世界各国において同様に見られる。特に戦後，アメリカ型システムを社会の広範な領域に適用したわが国では，日本型に翻訳されているとは言え，この「マネジメント主義」が随所に浸透してきたことは事実であると思われる。[7] しかし，近年その理念そのものが問われている。「物質的豊かさ」は本当に人びとに豊かさをもたらしたか。「組織的調和」は社会全体を安定に導いたか。マネジメント・リーダーは社会にとって本当に必要なのか。

こうした問題を考えていくために，われわれは，マネジメントの理論と思想を一組織の目的達成のための「管理職能論」，あるいはその主体としての「管理者論」としてのみならず，社会的コンテクストの中でとらえ直していく必要がある。すなわち，20世紀の産業社会の進展の過程でマネジメント主義がどのように形成され，展開されていったかということを，マネジメント理論と思想の検証を通じて明らかにしていく必要がある。「マネジメント」という言葉にどのような社会的意味が込められ，その言葉を用いて具体的に何が語られ，どのような行為が生まれ，その結果どのような社会が実現し，どのような問題が生じたのか。世紀の変わり目にあって，それを検証することがマネジメント研究に求められていると思う。そしてこのことは，現代社会を理解するに当たって不可欠な要素としてマネジメント思想を認識し，社会思想の流れの中に位置づけるための一歩ともなろう。

本研究はこうした遠大な試みのためのささやかな挑戦である。本稿ではまず，上述の「マネジメント主義」の生成過程をマネジメント思想の文献の上で検証するために，その到来を告げていると思われる M. フォレット（Follett）の2本の論文を検討する。マネジメント思想の生成を F. テイラーらの科学的管理論の出現，あるいはその前段階としての R. オーウェン（Owen 1771-1858）・C. バベッジ（Babbage 1792-1871）・H. タウン（Towne 1844-1917）らの思想に求める見解もあるが，ここではそうした立場をとらない。というのは，本稿はあくまでも「マネジメント主義」が時代を動かすある種の社会的価値として定着していく過程を問題とするのであり，「マネジメント」という発想の出現そのものを問題としてはいないからである。その意味で，重要な先駆的論文が Follett の "How must business management develop in order to possess the essentials of a profession?"（October 29th, 1925）と "How must business management develop in order to become a profession?"（November 5th, 1925）[8] である。このほとんど同時期に発表された論文は，いずれも「専門職業としてのマネジメント」のあり方を扱ったものであり，マネジメント理論の古典として評価の高いものである。もちろん，この背後には，「専門経営者の出現」という当時のアメリカの社会現象が存在していることは言うまでもない。こうした時代を的確に認識し，社会的に重要な「機能」（function）としての「マネジメント」を社会的コンテクスト据えたという点で，これらの論文はマネジメント主義の時代の幕開けを告げるものであると思われる。以下の節では，これらの論文をできる限り時代的コンテクストを考慮しながら検討していきたい。[9]

2．「専門的職業としてのマネジメント」の基盤

(1) マネジメントへの「科学」の適用

上述のウィルソンの言葉にもあったとおり，「科学」の行政の分野への適応ということが当時新しい主張として意味を持ったように，フォレットもこ

れらの論文でまず強調していることの一つは,「科学的基礎」に基づくマネジメントである。ここで注意しなければならないことは,テイラーらの主張した「作業技法への科学的基準の適用」ではなく,「マネジメントそのものへの科学の応用」をフォレットが重視している点である。フォレットはすでに当時の社会に表れてきていたいくつかの兆候を次のように分析している。まず第一に,いわゆる「科学的管理」の発達はすでに初期の段階を終え,作業の技法のみならず,マネジメントの技法そのものを取り扱い始めている。そして第二に,マネジメントの専門化,つまり「機能化」(職能化)と呼ばれているものの方向に進む傾向が強くなっている。これは,例えば工場内への計画部門の設置などの形で表れているものである。このことは,多くの工場で,問題の種類が異なると違った種類の知識の体系が必要であるということが一般に受け入れ始めたことの現れであるという。第三に,企業においては専断的な権限ではなく,問題になっている事柄について最も多くの知識を持ち,その知識を適用するのに最も熟練を持った人に権限を与えるようになってきている。このことは,当時の社長の職責が,特定の知識と経験を有する専門化や経済アドバイザーに委譲されるようになっている現状からも明らかであるとフォレットは指摘している。[10]

こうした観察を通じて,フォレットは企業家として成功した人間の型が,かつての「純粋に人格の力だけで成功する支配的な人間」(capten of industry)から,専門的知識と技能を持った「経営管理者」(manager)にとって代わりつつあることを指摘した。[11] これは,また,マネジメント主義の時代の到来を暗示するものと理解して良いであろう。同時にこのことは次の二つの点で大きな意味を持っている。第一は,マネジメントという知識は「分析可能」であり,従ってその技能は「訓練可能」であるということの認識であり,第二は,企業は経済市場の神の見えざる手に委ねられた統制不可能なものではなく,専門的知識と訓練された技能を持ってすれば,「統制可能」なものであるということの認識である。[12] フォレットをこのような考え方に導いた背景には,彼女自身が指摘しているように次のような時代的背景もあった。すなわち,(1) 天然資源の開発が盛んな時代の終焉と能率的なマ

ネジメントの要求，(2) より激烈化する競争，(3) 労働の希少性，(4) 人間関係に関する倫理の概念の拡大，(5) ビジネスを「その能率的運営にたいする責任感を伴う公共的サービスである」と考える傾向の増大である。こうした認識に立ち，マネジメントを科学的基礎に基づく知識とすることの必要性をフォレットは強調したのである。[13]

ここで「科学的」と言うことの意味を少し説明する必要があろう。フォレットによれば，科学とは「体系的な観察，実験，論証から得られた知識，また，調整され，整理され，体系づけられた知識」ということになる。テイラーらの科学的管理論はこのような科学を作業の方法に適用することを主張したが，フォレットはこれを人間関係にも適用可能であると言う。すなわち，協働の科学があり得ることを強調するのである。[14] 彼女は言う「協働は単なる善意の意図や親切な感覚というものだけではない。……実験に次ぐ実験，実験の比較，結果の蓄積により協働の方法を導き出すまではその協働は成功しない。」[15] このような認識から，彼女はマネジメントをより科学的に行うための方法として第一に，人間関係をともなう経営問題への科学の積極的適用，第二に，管理者の仕事の徹底的分析，第三に，マネジメントの基礎をなす知識を整理・体系化することを挙げている。この第三のマネジメントの知識の体系化ということに関して，管理者の経験を記録し，報告するという制度を設けることの必要性をフォレットは主張するのであるが，これは単に一企業の枠を超え「新たな学術雑誌，もしくは既存の雑誌の新たな部門」を必要とする程のものであるという。というのは，そうすることにより各企業におけるマネジメント上の経験を相互に比較，検討する枠組みが設定可能となり，たがいに経験的に蓄積された資料をマネジメントに相互に利用できるようになるためである。すなわち，有効な知識は一企業にのみ蓄積するのではなく，他の企業にも相互利用できるように公開することが必要であり，そのことにより，マネジメントは専門的知識として洗練されていくという主張と理解することができる。この点において，当時発刊直後の『ハーバード・ビジネスレビュー』のケースをフォレットは高く評価している。[16]

マネジメントの科学化という点で最後に着目しておかなければならない点

は「標準化（standardization）」ということ，すなわち，マネジメントの方法や執行のテクニックの標準化ということである。しかし，ここでフォレットは，あくまでも固定的な標準化を目指すべきではなく，そのときどきの経験から学びうることを柔軟に利用することこそ必要だと主張する。また，その標準は上級管理者のみの閉鎖的な知識として留められるべきではなく，すべての人びとが理解できるような形で示されなければならないと言う。さらに，標準化されたマネジメントの方法は，「権限」により伝えられるのではなく，「訓練」を通じて人びとに習慣化される必要があること，また，それらは一方的に命令されるべきではなく，ただ示されるべきであることが強調される。フォレットが理想とした標準化は，テイラーらによるものよりもさらに弾力的なものであった。しかし，このためには管理者の訓練が必要不可欠になる。企業組織が発達するにつれて，「方法の指導者（methods instructor）」と呼ばれている職能別職長にあたるような管理職が生まれるであろうとフォレットは予想している。[17]

このようなフォレットの「科学」への信頼は，もちろんこの時代特有の思想的流行を反映しただけのものと解釈することもできる。しかし，この時期以降，管理者技能の訓練を目的としたビジネス・スクールの設立は隆盛をきわめ，プロフェッショナルマネジメントは，確実に市民権を獲得していくことになる。この趨勢はこれ以降長らく続き，1980年代にMBA批判[18]が起こってもなお，科学的基礎に裏付けられたマネジメント教育はアメリカの重要な社会的役割を果たし続けていく。社会学者のR. ベラーは，アメリカ国民を代表するキャラクターを「自立的市民」「企業家（entrepreneur）」「経営管理者（manager）」「セラピスト」の四つに分類しているが，このことは，プロフェッショナル・マネジメントがそれ程までに20世紀のアメリカで社会的に浸透したことを示す証左であると考えられる。ここでキャラクターとして示された「経営管理者」とは，産業社会を代表するエンジニアのような世界観を持ちつつエンジニアとは異なり，対人的な反応や自分も含めた人びとの個性までも効率計算に含め，人的・非人的資源を組織化していく人びととして表現されている。[19] ベラーは，マネジメント社会の到来と共に，仕事

の仕組みや住居の場所，社会的地位などが全て経済的効率を基準として決定されるようになったことを指摘している。このような経済的効率の基準は，全国規模の市場の成長を促し，人びとが消費社会に巻き込まれるに従って，古い社会的・道徳的規範は実状にそぐわないものになっていった。こうした状況の中でより満足する私生活を達成するために，アメリカ人は生きるための資源をより効率的に再編成することを学んでいったという。[22] すなわち，マネジメントの基準であったはずの「経済効率性」が，次第に一般市民の日常生活の基準として浸透していったのである。これは，マネジメント主義の社会的浸透を物語るものであると言って良いであろう。

(2) 専門的職業としてのマネジメントの特質

フォレットが専門的職業としてのマネジメントを論じた際に重視しているもう一つの重要な点は人びとの「サービス」への動機である。「サービス」（奉仕）という言葉はいろいろな意味で用いられるが，多くの場合「利他主義」（altruism）の表現であったという過去の事実認識に立ち，フォレットはこうした考え方に異議を唱えている。彼女によれば，サービスは「利他主義」的な解釈以上のさらに深い意味である「互酬性」（reciprocal）に基づくものであるという。すなわち，自己犠牲に基づく一方的なものとしてではなく，「相互に与えあうもの」としてサービスを理解することの必要性を強調する。ここで重要なことは一体何を「相互に与えあうのか」ということである。フォレットはここで「機能（function）」という概念を重視する。すなわち，社会に生きる人びとは，全てなんらかの社会的機能を果たしているという基本的立場に立ち，経営管理者も社会にとって必要な「マネジメント」という機能を果たしており，他の人びとも同じように有用な機能を担って，それらが互酬的に結びついて全体として健全な社会を構成していくという認識である。専門的職業人としての経営管理者は，マネジメントという社会的機能を通じてサービスを提供しているという基本的認識が必要であることを彼女は強調している。[21]

ここで彼女の主張する「専門的職業」という言葉の意味を再度整理すれ

ば，第一に，私的な利益のみに対してではなく，社会に必要な機能の一つであるということ，第二に，一般に証明されかつ体系的な知識の応用であるということ，そして第三に，科学と機能を通じてのサービスに裏付けられたものであること，ということになる。

　これらの特質以外に，むしろ「サービス」の上に位置づけられるほど重要なものとしてフォレットが重視するものは「仕事への愛（love of the work）」である。この仕事への愛には，単にその仕事をすることが好きという以上に，熟練職人，芸術家，医者，法律家，教師などが抱く「良くできた仕事への満足感」が含まれている。そしてこれをサービスを受け取る側から見れば，「正直な（honest）仕事」という表現で語られるような内容をもったものとなる。フォレットが主張したのは，マネジメントという職業も社会にとって有用な機能であり，芸術家や法律家，医師などの専門職業人が自らの仕事に抱いているものと同様な愛情と，誇りをもち得るものであるということなのである。そして，マネジメントに携わる人びととは創造的な「サービスの提供者である」という動機によっても，また，「自らの仕事の完成度や誇り」によっても動機づけられるものであり，これらは同時に実現されるものであるという。[22]

3．専門的職業人としての「標準」化とその維持

　一つの職業が専門的なものとして社会的認知を受けるためには，職業人の自覚や仕事の質，その社会的有効性のみでは決して十分とは言えない。先に述べた専門的職業としての「標準」を維持し，それを他の職業から守るためにもいわゆる「職業団体」という組織が必要となる。特にアメリカはこの種の組織（コミュニティー）を発達させることにより，専門的職業集団の利益を守ってきたという伝統がある。フォレットもまた，専門的職業の職業倫理を維持するための団体組織の有効性について強調した。彼女によれば，それらの団体組織が結成される目的は，その専門的職業の標準の確立・標準の維

持・標準の改善・メンバー達の標準の維持・標準の重要性の一般公衆への教育・標準に達しないものあるいは故意に標準に従わないものからの公衆の保護・当該専門的職業にある個人メンバーの他のメンバーからの保護であるという。[23]

このようなフォレットの発想が生まれるに至った背景には，当時急速にその数を増やし始めていた同業者団体および経営者団体の存在があることを見逃せない。経営史家のT. コクランによれば，1925 年当時アメリカには約1,000 の主として製造業の同業者団体があり，その主な合法的機能は，一方では団体のメンバーに，他方では政治団体へ情報を提供することであった。大きな団体は通常，商業雑誌のスポンサーであり，その雑誌の内容は商品の回転率や生産量の統計，企業の参入撤退情報，例外的な成功の注目すべきケースなどであった。そうした情報によって，ただやみくもに働き，根拠のないうわさ話に左右されてばかりいた中小企業はかなりの恩恵を受けたという。また，同業者団体は第一次大戦中には，政府によって多くの産業の最大可能生産量を推計するために利用された。[24]

このような同業者団体の中で，いわゆるビジネスを全般的に振興させるための同業者団体は，同じくコクランによれば，1912 年の商務省調査によれば，地方組織 2,960，州や準州で 183，連邦で 243，そのうち 414 が商業会議所を自称し，490 が取引委員会，868 が商業クラブを自称したという。1905 年にロータリークラブが発足して以来，「サービスクラブ」と称する団体として注目されたのはキワニス，ライオンズなどであり，これらは商業会議所より親密とみなされる限られたメンバーで構成された地方ビジネス連合会であった。これらの団体はいずれも地元を企業者の誘致のための政治改革や税金対策などに実質的な役割を果たした。こうした背景の中からフォレットが対象とした「経営者の団体」は「雇用経営者連邦協会」をもってその始まりとされる。これは 1914 年から 1923 年にかけて多くの合同や変化を経た結果，*American Management Review* を発刊することになる「アメリカ経営者協会」となった。1930 年には，そのメンバーは 1,500 の企業と100 人の教授達であり，規模的にもまだ大きくはなく，メンバーも主とし

て大企業に限られていたようである。[25]

　フォレットはこのような同業者団体が，同業者の利益を守る集団であるという点はもちろんのこと，それが協働責任（corporate responsibility）を提供する主体であることを特に重視した。その責任の中でも特に重視されているのが，(1) 標準の維持の責任，(2) 公衆の教育の責任，(3) 標準の発展の責任である。

　第一の点に関して言えば，例えば企業で働いている技術者は，まず第一に彼自身の専門的職業に属していると感じ，それから特定の企業に属していると感じる傾向があるとフォレットは指摘する。このことはアメリカ固有の流動的な労働市場も反映していると思われるが，第一に行動を規制するのは専門職業人としての標準であり，次に企業人としての標準が支配するということである。この二つの標準の間で対立が生じた場合，フォレットの理解では，専門的職業人であればその専門家の職業的名誉が優先するという。したがって，企業経営が専門的職業となり，それ自体の標準（倫理）をもつことになれば，例えば，ひとりの人間の中に同時に存在している経営執行者（executives）と社長（company heads）という立場の間の倫理的葛藤は統合できるという。すなわち，専門的職業人としての倫理観を持つことにより，既に証明済みの事実に基づく原理・原則・主義に照らして専門家としての判断をすることができ，問題が個人的なものになるのを避けることができるというのである。この場合の専門的職業に対しての忠誠は，仕事に対する忠誠のみならず，仕事を超越するものに対する忠誠をも意味しているという。フォレットは，これを「ロマンス」あるいは，「冒険」であると表現し，企業の冒険は「理想と呼んでも，神と呼んでも良いが誰の心の奥底にもあり，全ての人を超越するものを表現する機会」であると言う。

　第二には，専門的職業人は公衆に対して，公衆の欲しているものを与えるのではなく，公衆を教育するという責任を有している。つまり，その仕事に対して公衆の求めるものに甘んずるのではなく，教育により人びとの要求水準を高めていくという責任がある。経営管理もまた，公衆に対して，それを専門職業として評価しうる基準を教育する必要がある。

第三には，専門的職業人は，自らの職業の実践のみならず，その基礎をなす知識を拡大するという責任がある。なぜならば，専門的職業は一つの伝統であり，この伝統を発展させていくことも専門的職業人の重要な役割の一つだからである。経営管理に関してもこのことは妥当する。すなわち，日々の経営上の問題を「うまく切り抜ける」だけでなく，その都度の命令の出し方や意思決定の行い方，委員会を開くそのやり方などにおいて，専門的職業としての経営管理の伝統を形成していることになるのであり，そのことを自覚する必要がある。[26]

　専門的職業人としての行動を内面から規制する最も重要なものが専門家としての「標準」であり，いわば「倫理観」であるとするならば，それが行為として表現された場合，そこには一定の「スタイル」といったものが存在すると言うことをフォレットは次に指摘する。この点は今日では「経営者のマネジメントスタイル」というようなテーマで時折論じられる程一般的なものとなっているが，当時としては新しい視点であったと思われる。彼女はスタイルという言葉について，ホワイトヘッドの言葉を引用しながら次のように述べている。「スタイルとはパワーを形成することであると同時にパワーを押さえることである。スタイルというセンスをもっている管理者は無駄を嫌い，同様のセンスをもっているエンジニアは材料を節約する。また，このようなセンスをもっている熟練職人は良い仕事を好む。スタイルは究極の精神的道徳なのである。スタイルにより，付随的な問題や望ましくない問題なしに目的が達成される。また，スタイルにより問題が，それもあなたの問題だけが達成される。スタイルがあればあなたの活動の効果は計り知れないものとなるし，先見性は神が人間に与えた最後の贈り物となる。スタイルをもてばあなたのこの力は増大する，というのは，無関係のことで心が乱れることがないからである。こうして，目的を達成しうる可能性は高まる。さて，このようなスタイルは専門家の持つ特権である。アマチュア詩人・画家などのスタイルというのを聞いたことがあるだろうか？スタイルはいつも専門家の研究の産物であり，専門性の文化に対する貢献なのである。」[27]

　ここで使われている「スタイル」に関して定義は曖昧であるが，それぞれ

の専門家の有しての仕事に対する考え方や行為のパターンとして理解して良いであろう。フォレットは，専門家は多くの場合こうしたスタイルを持ち，目的達成にたいして手段の計算が行き届いており，無駄が無く，エネルギーを効率的に使い，控えめで，均整がとれているとしている。そして，このような意味でのスタイルを経営管理者も持つべきであり，それが可能ならば経営管理という専門職業を通じての「文化への貢献」が実現可能であるとまでいっている。[28] つまり，企業の経営管理は，従来考えられてきたような低俗的なものではなく，スタイルを持った専門的職業となることによって，世界の文化に貢献し得るほどの価値あるものであると主張しているのである。この主張は，本稿のわれわれの問題である「マネジメント主義」の確立という問題意識にとって極めて重要である。というのは，企業のマネジメントという機能が社会的に必要なものであることの指摘に留まらず，「文化」に貢献しうるような「価値」の高い専門的職業であることを主張し，マネジメントという機能を社会的価値（倫理）の面からも意味を与え，これを正当化しようとする主張だからである。

4．企業活動とマネジメントの社会的意味

　マネジメントが専門的職業として社会的に容認されるならば，それと同時に企業活動（business）の社会的役割も正当化されなければならない。フォレットはこれを「真のサービス」と表現している。それは，企業が生産物として社会に提供している具体的な財やサービスのみで社会的に評価されるべきではなく，これらの生産の過程において，人びとの行為が織り合わせられ（interweave），それによって人びとの「精神的価値」が創造されるということで真の社会的有用性を持っているという主張である。この面では過剰生産はあり得ないという。例えば，ある企業が生産した商品が，ある時期には人間にとって非常に有用なものであったとしよう。時がたつに従ってそれが実は人体に有害であることが発見されたとすると，その商品の生産に携わって

いた人びとはそれまでの努力がすべて無駄になってしまうのだろうか。フォレットは，ここで言う。「その人が過去に生産したものが単に物質的な製品のみであったとすれば，彼は人生を無駄にしたかもしれない。しかし，その企業で働いていた人びと，すなわち管理者や労働者達が彼らの仕事を通じてより人間的に成長していたならば，それは無駄ではない。」[29] つまり，企業は事業活動を通じて財・サービスの生産活動を行うと同時に，そこで働く人びとの啓発・発展に寄与しているというのが彼女の主張である。それは，企業の目の前にある消費者の素朴な欲望を満足させるという意味でのサービスではなく，より優れた欲望を持つように人びとを成長させることである。そして，このことは結果として社会的進歩をもたらすものであるという。さらに，こうした精神的価値の創造にたいする多大の機会を企業が与えているとすれば，企業は単に金銭的利益のためにあるのではなく，人間の福祉の向上のためにもあるとフォレットはいう。

　このような主張は，当時企業の利益追求に対して様々な分野から批判の声が挙がり始めていたことにも起因していると考えられる。P. バイダによれば，小説『メインストリート』や『バビット』などを通じてビジネスマンの行動に対する痛烈な風刺を行ったノーベル文学賞作家シンクレア・ルイスの数々の作品，南部の作家グループを中心として起こった農民主義者の抵抗運動，A. バーリと G. ミーンズによる『近代株式会社と私有財産』に結実する研究（1927 年企画）などにはこの時代の企業に対する批判的状況が，象徴的に表れているという。[30]

　このような状況下にあって，フォレットは企業およびマネジメントの目的を「利潤追求」のみに限定されるものではなく，より広い社会的価値である「人間の精神的成長」にまで拡大されうるものであることを強調した。さらに，その意味で企業のマネジメントに携わるものは，道徳意識をもつ専門的職業者になりうるということを主張したのである。この主張から，当然のことながら企業における人間的問題，すなわち人事管理・労務管理が重視されることになる。このことは，まさにこの時期に開始され 1930 年代にかけて展開されることになるホーソン・リサーチにおける多くの発見と，その後の

「初期人間関係論」の主張とも時代的に重なっていることを指摘しておきたい。[31]

しかし，ここでフォレットの思想の人間関係論とは異なる特徴点をあえて述べるならば，彼女は「人間関係」の充実を通じた個人の「精神的成長」を重視したと同時に，「組織（organization）」の重要性を指摘している点である。彼女はいう。「今日組織という言葉は，企業の発展について語られるとき最も多く聞く言葉である。多くの工場の最大の弱点は明らかに組織である。したがって，組織エンジニアの需要は今日最も大きい。意識的な組織が人間の偉大な精神的課題だということを思い出すなら，組織はビジネスの主要な要求であるという認識はむしろ興味あることだと思わないか？」ここで彼女がイメージしている「組織」は，公式的な構造を持った活動のシステムというよりはむしろ，絵画の「構図」や音楽作品の「ハーモニー」のようなものである。つまり，様々な構成要素を意味のあるやり方で配列し，より高い価値を生み出すものであり，平凡な努力と高度な努力を分離するもの，という極めて抽象的な意味で「組織」が理解されている。そして，このような組織的な行為を「人類の最高度の努力」であると評価し，これに参加する最も大きな機会を提供する場が企業であり，それを実現する大きな機会を有しているのが経営管理者であるとしている。[32]

しかし，フォレットがいかに否定しようとも，企業が基本的には「利潤動機」にもとづいて活動を行っていることは当時の状況も，そして現在でも疑う余地はない。彼女もそのことは十分承知しており，利潤動機を否定してはいない。いかに専門的職業人であろうとも，彼らがいつも高い専門性に裏付けられた職業倫理に動機づけられて行動するわけではなく，経済的動機もあれば，それ以外の社会的動機もある。フォレットの本意は，動機を一元化することなく多くの動機の存在を許容するというところにあったと思われる。企業も「利潤動機」に縛られることなく，人間の精神的成長というような道徳的動機を実現することも可能である，ということを示唆することにより，企業の社会的制度としての存在意義を主張しているとも理解できる。彼女はいう。「われわれはすべて，われわれのもっとも深い欲望において，人性を

豊かにすることを欲している。われわれは，自分たちの欲望を純粋化し，高め，増やすこともできる。しかし，欲望を削ってしまえば，個人としての進歩も，社会的な進歩もあり得ない。」[33] そのような意味での「人生の豊かさに」貢献するものとして企業には社会的意義があり，それを実現することを使命とする専門的職業人こそが経営管理者なのである。このようなフォレットの主張こそ，マネジメントの時代（managerial age）の幕開けを飾るにふさわしいファンファーレであり，この主張を貫いているマネジメントへの期待と信頼こそマネジリアリズムの精神であるといっても過言ではないであろう。

5．結言――課題と展望――

以上，われわれはフォレットの 1925 年の論文を考察することを通じて，マネジメントの時代の幕開けとマネジリアリズムの形成について検討してきた。マネジリアリズムの形成という観点からマネジメント思想の意味をに明らかにしようというわれわれの目的にとって，この研究はごく小さな一歩であるに過ぎない。しかし，今回の研究においていくつかの重要な点が明らかとなった。それを整理し，今後の研究の展望を述べることでこの論文の一応の結びとしたい。

第一に指摘したいのは，フォレットが「専門職業としてのマネジメント」の基礎に「科学」を据えたことである。プロフェッションそのものの議論は今回の研究では触れなかったが，ユダ・シェンハブ（Yehouda Shenhav）の近年の研究によれば，アメリカにおいてプロフェッショナリズムが黄金時代を迎えたのは革新主義の時代（the progressive period, 1901–1917）であるという。[34] この時期，プロフェッショナリズムはアメリカの社会的運動と言えるものであり，主としてエンジニアのもつ効率性や科学的合理性を社会のあらゆる分野の統制に適用しようとするものであった。本稿で扱ったフォレットの論文は時代的にはやや後に発表されたものであり，その点では社会的要請を先取りしたというよりも社会の趨勢を後追い的に観察した結果で

あるといってもよい。しかし，彼女もやはり革新主義の時代の価値であった「科学」への信奉を貫いているという点は注目しておきたい。しかし，彼女は，既にこの時代，社会的には批判も強かったテイラーらの「標準化」を修正し，柔軟に適用して「協働（すること）の科学」を確立し，それをマネジメントの基礎にしようと提唱している点が特に注目に値する。なぜならば，これはたとえ「テイラーイズム」は批判されたとしても，「科学」そのものはマネジメントの専門性を強調しうる基礎として十分社会的に有効であることの証明でもあるからである。彼女は，「作業方法」の科学化ではなく「協働の方法」の科学的基礎の確立を提唱しようとしたと理解できる。そして，このことはマネジメント思想の発展にとっても決定的な意味を持っていると思われる。なぜならこれ以降，アメリカのマネジメント思想は，「科学」に込められた意味あいはそれぞれ異なっていても，「協働の科学」をめぐって展開されてきた傾向が見られるからである。

　第二に指摘しておきたいのは，マネジメントを人びとの「サービス」動機に根ざした行為として位置づけたことである。ここでの「サービス」とは一方的な自己犠牲を意味する「奉仕」ではなく，互酬的な機能の交換過程であることをフォレットは強調する。つまり，誰の心の中にもある「ギブアンドテイクの欲求に基づいて，社会に必要な機能（職能）を交換しあう過程としてマネジメントを規定したのである。人びとはこの過程を通じて互いに社会に奉仕しあうことになる，そしてそれは高い道徳的な行為であるという。すなわち，マネジメントは社会的に必要な機能を提供するサービスとして捉えられることにより，「道徳的な行為」となるという見解である。これは，マネジメントが組織を調整する単なるテクニックではなく，「道徳的」な価値を持った行為として規定されているという点で大きな意味を持つ。というのは，このような意味付けは，マネジメントの担当者である経営管理者の行為を社会的に正当化するための基盤となるものだからである。この結果，マネジリアリズムという価値が強化されることになる。

　第三に指摘したいことは，企業の社会的意義を「財やサービスの生産の場」に求めるのではなく，「行為の交職を通じての人間の精神的成長の場」

に求めることである。すなわち，生産活動を通じて人びとが互いに行為を織り合わせ，その過程で互いに精神的に成長し，その結果として社会的進歩をもたらす機会を提供する場として，企業は社会的存在意義を持つという考え方である。そして，そのために必要不可欠な機能がマネジメントである。こうした考え方は「利潤追求体」から，「人間の協働体」へと企業観を変化させることになる。その結果，人間関係の調整者，組織の調和をもたらすものとして経営管理者を位置づけることになる。「利潤追求」という価値は，時代的変遷の中では時に批判の対象になるとしても，「人間的成長」という価値は，時代が変化してもある程度普遍性を持つものとして人びとに受け入れられる。こうして，フォレットは，企業もマネジメントも共に人間にとって，社会にとって，価値あるものとして意味づけるのである。

緒言で述べたように，スコットはマネジリアリズムを形成する原理を能率，科学，合理性，能力，そして道徳的品性であると指摘した。フォレットの1925年論文の検討を通じて明らかになった上記の点は，まさしく，このマネジリアリズムを形成する要素のいくつかと重なっている。とはいえ，これのみをもってマネジリアリズムの形成期と理解することはとうてい不可能である。しかし，マネジメントという考え方が単なるテクニックを越え，社会的価値を持った思想として定着していく萌芽がこのフォレット論文に表れていることは事実であると思われる。それでははたして，同時期の他のマネジメント思想家は，このような状況をどのように捉えているのであろうか。それを順次検討していくことが，われわれに課せられた今後の課題である。

　* 本章は，「'managerialism'の形成とマネジメント思想(1)—M. Follett「専門的職業としてのマネジメント」論の検討—」，『帝塚山大学経済学』，第5巻，119-131頁所収，を一部修正して再録したものである。

注
1) Scott, W., *Chester I. Barnard and the Guardians of the Managerial State*, Univ. Press of Kansas, 1992, p.9.
2) *Ibid.*, p.10.
3) Wilson, W., "The Study of Administration," *The Political Science Quarterly*, 2, 1887.
4) Scott, *op. cit.*, p.11.

5） Scott はマネジメント主義を今世紀アメリカの特徴的な「イデオロギー」と捉えているが，筆者はそのように明示的には捉えず，やや緩やかに「時代の雰囲気」「時代精神」の意味で用いている。
6） *Ibid.*, pp.11-12.
7） この点に関しては佐伯啓思の次の議論を参考にしたい。佐伯は今世紀のアメリカ型モデルの特徴を「ビジネス（経済活動）を媒介とした，リベラリズムとデモクラシーの結合」であると述べている。「アメリカ人にとって，ビジネスは個人的な利益獲得の機会ではなく，「自由」の進展方法であり，それはヨーロッパ的階級関係やアジア的封建的関係とは一線を画する新しい人間と人間とのつながりであった。従って，アメリカ流のビジネスと結合した様々な経済の様式，たとえばアメリカ的経営方式，科学的な管理，自由な市場原理・・・フォーディズム，こうした合理的な経済の様式は，アメリカという商標を越えて，地球上のあらゆる場所で「自由」という普遍の価値を実現するミッションとなる。」（筆者の要約を含む）しかしアメリカを支え，世界の産業社会の思想的基盤となってきたリベラリズム，デモクラシー，ビジネスの三位一体が今日，崩壊してきていることを指摘している。（佐伯啓思『「アメリカニズム」の終焉』TBS ブリタニカ，1993年，110-112頁。）筆者はこの佐伯の見解を基本的に妥当なものとして認めた上で，それを支えた価値の一つが「マネジメント主義」であったと理解している。
8） これらは共に H. Metcalf, edt., *Business Management as a Profession*, A. W. Shaw Company, 1927. 所収。
9） 社会的コンテクストのなかでマネジメント思想を理解することの必要性とその方法論に関しては拙稿「アメリカ経営学史の方法論的考察—ネオ・プラグマティズムとマネジメント思想—」，経営学史学会編『経営学の巨人』文眞堂，1995年，を参照されたい。
10） E. Fox and L. Urwick, *Dynamic Administration—The Collected Papers of Mary Parker Follett*, Pitman Publishing, 2nd ed., 1973, pp.88-89.
11） こうした指摘を裏付けるこの時期（1920年代）の象徴的な出来事として指摘しておきたいのは，ウィリアム・デュラントに代わって崩壊寸前のGMを立て直したアルフレッド・スローンの活躍である。これは，とりもなおさず，帝国建設者であるビジネス・リーダーから組織の建設者としてのマネジメント・リーダーへの交代と理解することができる。
12） フォレットはこのような傾向を裏付けるものとして，J. ケインズの当時の講演 "Am I a Liberal?" を引用している。ケインズはその講演の中で，J. コモンズの上げた三つの時代，すなわち，15世紀に終わりを告げた「希少性の時代（the age of scarcity）」，自由放任主義を前提とした「豊富の時代（the age of abundance）」そして社会的善のために経済的諸力を意識的に統制することを認める「安定化の時代（the age of stabilization）」について語り，現在は三番目の「安定化の時代」に入りつつあることを指摘したと言う。
13） *Ibid.*, p.93.
14） ここでフォレットは，シェルドンが「協働の科学はありえない」としたことに反論してこのような議論を展開している。この「協働の科学」という発想そのものがマネジメント主義の出現を物語る重要な点であると思われる。
15） *Ibid.*, p.94.
16） 筆者の調査では『ハーバード・ビジネスレビュー』の創刊号1922年以来この時期までに掲載されたケースは10本以上にのぼる。
17） *Ibid.*, p.101.
18） T. ピーターズと R. ウオーターマンのよれば，1980年末の数週間の間に『ニューズウィーク』『タイム』『フォーチュン』などで，アメリカの経営に対する不満が噴出したという。その不満は次の五点に要約される。(1) ビジネス・スクールが元凶である。(2) プロの経営者に大きな展

望がない。(3) 経営者自身が企業の業務に一体感を持っていない。(4) 経営者が部下に対して(あるいは人間に対して) 十分な関心を寄せていない。(5) トップとそのスタッフが分析という象牙の塔にこもっている。特に (1) は他の四点の根源的元凶になっていると思われていたという。Peters, T., and Waterman, H., Jr., *In Search of Excellence*, Harper & Row, Publishers, Inc., 1982. (大前研一訳 『エクセレント・カンパニー』講談社，1983 年，76-77 頁。)

19) ここで言われている代表的キャラクターとは象徴の一種であり，これを用いることによって人々は所与の社会環境の中で，自らの人生を組織し，意味付け，方向付けるやり方を，ひとつの集中的なイメージへとまとめあげることができるという。つまり，人生のヴィジョンに生きた表現を与える一つの理想を，そして焦点や参照の軸を提供するものである，とベラーは説明している。Bellah, R., Madsen, R., Sulivan, W., Swidler, A., Tipton, S., *Habits of the Heart-Individualism and Commitment in American Life*, Univ. of California Press, 1985. (島薗進・中村圭志訳『心の習慣―アメリカ個人主義のゆくえ』みすず書房，1991 年，32-59 頁。)

20) 上掲書，54 頁。

21) Follett, *op. cit.*, pp.104-105. このようなフォレットの主張の背景には，当時アメリカ全土に爆発的な広がりを見せつつあった流通・サービス業がイメージされていると予想される。T. コクランによれば，「従業員の増加状況で見れば，1899 年から 1929 年にかけて，製造業では 100％ と不変であったのに対し，流通業では 160％ と高く，両者の違いはきわめて著しいものがあった」という。(Cochran, T., *200 Years of American Business*, 1977. 正木久司監訳，瀬岡誠・瀬岡和子・石川健次郎訳『アメリカ企業 200 年』文眞堂，1989 年，164 頁。)

22) Follett, *op. cit.*, p.106.

23) *Ibid.*, p.107.

24) Cochran, 前掲訳書, 188 頁。

25) Cochran, 前掲訳書, 189-190 頁。

26) Follett, *op. cit.*, pp.107-110.

27) *Ibid.*, p.111.

28) *Ibid.*, p.111.

29) *Ibid.*, p.112.

30) Baida, Peter, *Poor Richard's Legacy*, William Morrow & Co., Inc., 1990. (野中邦子訳『豊かさの伝説―アメリカ・ビジネスにおける価値観の変遷―』ダイヤモンド社，1992 年，454-487 頁。)

31) フォレットの論文には人間関係論学派のうち，特に E. メイヨー (Mayo) の影響が散見されるが，人間関係論とフォレットとの関係に関しては，本章の直接の目的とは離れるので，別の機会に論じたい。

32) Follett, *op.cit.*, p.115.

33) *Ibid.*, p.116.

34) Yehouda Shenhav, "From Chaos to Systems: The Engineering Foundations of Organization Theory 1879-1932", *Administrative Science Quarterly*, December, 1995, pp.563-564.

主要参考文献

[1] Wilson, W., "The Study of Administration", *The Political Science Quarterly*, 2, 1887.

[2] Fox, E. and Urwick, L., *Dynamic Administration-The Collected Papers of Mary Parker Follett*, 2nd ed., Pitman Publishing, 1973.

[3] Cochran, T., *200 Years of American Business*, Basic Books, 1977. (正木久司監訳，瀬岡誠・瀬

岡和子・石川健次郎訳『アメリカ企業 200 年』文眞堂，1989 年。）
[4] Peters, T., and Waterman, H., Jr., *In Search of Excellence*, Harper & Row Publishers, Inc., 1982.（大前研一訳 『エクセレント・カンパニー』講談社，1983 年。）
[5] Bellah, R., Madsen, R., Sulivan, W., Swidler, A., Tipton, S., *Habits of the Heart-Individualism and Commitment in American Life*, Univ. of California Press, 1985.（島薗進・中村圭志訳『心の習慣―アメリカ個人主義のゆくえ』みすず書房，1991 年。）
[6] Baida Peter, *Poor Richard's Legacy*, William Morrow & Co., Inc., 1990.（野中邦子訳『豊かさの伝説―アメリカ・ビジネスにおける価値観の変遷―』ダイヤモンド社，1992 年。）
[7] Scott W., *Chester I. Barnard and the Guardians of the Managerial State*, Univ. Press of Kansas, 1992.
[8] 佐伯啓思『「アメリカニズム」の終焉』TBS ブリタニカ，1993 年。
[9] Yehouda Shenhav, "From Chaos to Systems: The Engineering Foundations of Organization Theory 1879―1932", *Administrative Science Quarterly*, 40, December, 1995, pp.557-585.
[10] 「アメリカ経営学史の方法論的考察―ネオ・プラグマティズムとマネジメント思想―」，経営学史学会編『経営学の巨人』文眞堂，1995 年。

あ と が き

　本書をふりかえり，改めてフォレット思想の現代的意義を問い直す必要を感じるとともに，この研究の限界とさらなる探求の必要性を感じている。まえがきにも述べたように，本書は 1989 年に提出した博士学位論文が基礎となっており，内容には大幅な変更は加えていない。この研究以降，私自身の研究領域は経営学史の分野からは少し離れていたが，アメリカ，イギリスでのフォレットの足跡を追いながら，文献ならびに資料の収集と検討は断続的に続けている。

　特に，1998 年から 1 年間の帝塚山大学海外研究制度を利用してアメリカに滞在し，イェール大学，ハーバード大学などで資料収集や現地調査を行った。ボストンでは，ハーバード大学ラドクリフ・カレッジ図書館のアーカイブにて，フォレットの往復書簡を読むことができた。ここにはフォレットの手書き書簡を含め，彼女の幅広い親交を物語る書簡の数々が収められており，1933 年の死の直前まで真摯に社会問題に取り組み，友人達と語り続けていたフォレットの姿が目の前に浮かび上がってきた。また，彼女の住居があったビーコン・ヒル (Beacon Hill) 一帯は州議事堂に近く，フォレットもその政治的な雰囲気の中で社会問題を考え，人びとと語り，実践的な解決を模索したのであろうということが実感として感じられた。

　また，コネチカット州ニューヘブンのイェール大学に滞在中は，イースト・ロック研究所理事長の高全恵星博士のご紹介により，地域の教会や社交クラブ，ボランタリー・サークルでの活動にも参加させていただいた。この活動を通じて，フォレットの時代に創始されたアメリカの草の根民主主義の活動が，当時と比べて温度差はあるにせよ，今日まで連綿と続けられていることを実感した。その中心的な役割を果たしていたのは，地元の人びとはもちろんのこと，ヨーロッパやアジアからの移民も含まれており，まさに多元的コミュニティーが健在であることを思い知らされた。

あとがき

　さらに，2001 年と 2002 年には，国立民族学博物館の経営人類学研究チーム（中牧弘允・日置弘一郎代表）とともに，イギリスでクウェーカー主義と経営思想の調査研究を行った。その中で，私はフォレットとイギリスとを結びつける大きな役割を果たしたラウントリー社，特にシーボーム・ラウントリー（Benjamin Seebohm Rowntree）の足跡を訪ね，ヨークのジョーゼフ・ラウントリー財団図書館にていくつかの興味深い資料に触れることができた。この「宗教と経営思想」の一連の研究から，フォレットの重要な思想的基盤として，クウェーカー主義との関係も視野に入れる必要があるということを実感した。この研究の一部は「プロテスタンティズムと経営思想―クウェーカー派を中心として―」（経営学史学会編『経営学を創り上げた思想』（経営学史学会年報第十一輯），文眞堂，2004 年，所収）にまとめている。

　以上のように，学位論文以降，特にイギリスやアメリカでのフィールドリサーチを通じて，次第に私の「フォレット像」が出来上がってきているが，本書では人物像よりもむしろ彼女の思想や理論に焦点をあてたかったことから，その成果は盛り込まれていない。今後の私自身の課題として残しておきたい。

　本書の研究以降，国内外でも興味深いフォレット研究が多数発表されている。その全てを網羅することはできないが，そのいくつかを挙げておきたい。

（和文のもの）
　榎本世彦「個と全体：ネットワーク・システムとバーナード理論・フォレット理論」，『桃山学院大学経済経営論集』，第 30 巻第 4 号，1989 年 3 月，57-81 頁。
　榎本世彦「フォレットとデニソン (M. P. Follett and H. S. Dennison)」，『石巻専修大学経営学研究』，第 15 巻第 2 号，2004 年 2 月，47-58 頁。
　榎本世彦「フォレットとパウンド (M. P. Follett and R. Pound)」，『石巻専修大学経営学研究』，第 16 巻第 2 号，2005 年 3 月，1-12 頁。
　榎本世彦「フォレットとパウンド (M. P. Follett and R. Pound) (2)」，『石巻専修大学経営学研究』，第 17 巻第 2 号，2006 年 2 月，15-28 頁。
　榎本世彦「フォレットのケース・ワーク活動の意味」，『石巻専修大学研究紀要』，第 18 号，2007 年 1 月，69-88 頁。
　数家鉄治「コンフリクト論と M.P. フォレット―交渉と調停」，『大阪経済法科大学経済学論集』，第 30 巻第 1 号，2007 年 1 月，81-115 頁。
　桑原輝男「M. P. Follett の論文にある Depersonalizing Orders の意味研究」，『石巻専修大学経営学研究』，第 14 巻第 1 号，2002 年 12 月，1-10 頁。
　杉田博「M. P. フォレット解釈学的組織論の基礎」，『石巻専修大学経営学研究』，第 19 巻第 1 号，2008 年 2 月，35-44 頁。

トンジョン・中條秀治「われわれすべてに対するフォレットの挑戦」,『中京経営研究』(中京大学), 第5巻第1号, 1995年10月, 103-122頁。

(英文のもの)
Eylon, D., "Understanding empowerment and resolving its paradox lessons from Mary Parker Follett", *Journal of Management History*, Vol.4 No.1, 1998, p.16.
Fry, B. R., Thomas, L. L., "Mary Parker Follett: assessing the contribution and impact of her writings", *Journal of Management History*, Vol.2 No.2, 1996, pp.11-19.
O'Connor, E.S., "Integrating Follett: history, philosophy and management", *Journal of Management History*, Vol.6 No.4, 2000, pp.167-190.
Ryan, L. V., Rutherford, M. A., "Mary Parker Follett: individualist or collectivist? Or both?", *Journal of Management History*, Vol.6 No.5, 2000, pp.207-223.
Schilling, M. A., "Decades ahead of her time: advancing stakeholder theory through the ideas of Mary Parker Follett", *Journal of Management History*, Vol.6 No.5, 2000, pp.224-242.
Tonn, Joan C., *Mary P. Follett: creating democracy, transforming management*, Yale University Press, New Haven, 2003.

　本書のもととなった研究に関しては，指導教授である故坂井正廣，論文指導をいただいた加藤勝康，村田晴夫，佐々木恒男の各先生，坂井研究室の吉原正彦，谷口照三，高橋公夫，辻重夫，浅井光，杉山三十七男，吉田優治，野中いずみ，岩清水洋の諸先輩から大きな示唆を受けている。この場を借りて深く感謝したい。特にフォレット研究の先達として，道を示してくださった故青柳哲也先輩の助言と笑顔は，いまでも心に残っている。

　本書の出版に関しては，筆者の前任校である帝塚山学園より学術研究出版助成金を受けている。帝塚山大学在職時から大変お世話になった，帝塚山学園長の横見博之先生と教職員の皆様には，心から感謝申し上げる次第である。

　本書の編集に関しては，研究ならびに人生のパートナーである竹内惠行（大阪大学）と竹内研究室秘書の尾田世梨奈さんに大変お世話になった。また，出版に際しては前野隆氏，前野眞司氏はじめ文眞堂の皆さまに多大なご協力をいただいた。心から御礼申し上げたい。

　最後に，本書の出版へ向けて最終段階に入った8月28日の朝，義父竹内十四正が急逝した。社会に尽くし家族を愛した義父を偲び，心から冥福を祈りつつ，筆をおくこととする。

2009年9月

三 井　　泉

参 考 文 献

A. Mary Parker Follett の著作

Ⅰ．著書
[A1]　*The Speaker of the House of Representatives,*（1896）Longmans, Green New York, 1902, 1904, 1909.
[A2]　*The New State: Group Organization the Solution of Popular, Government,*（1918）Longmans, Green, 1920, 1923, 1934.（三戸公監訳，榎本世彦・高澤十四久・上田鷲訳『新しい国家：民主的政治の解決としての集団組織論』文眞堂，1993年。）
[A3]　*Creative Experience,* Longmans, Green, 1924.

Ⅱ．論文
[A4]　"Community is a Process", *The Philosophical Review,* November, 1919.
[A5]　"Constructive Conflict", January, 1925.
[A6]　"The Giving of Orders", January, 1925.
[A7]　"Business as an Integrative Unity", January, 1925.
[A8]　"Power"（Published in *Scientific Foundations of Business Administration,* Henry C. Metcalf, Ed., Williams and Wilkins, Baltimore,1925.）
[A9]　"How must Business Management Develop in Order to Become a Profession?", November, 1925.
[A10]　"How must Business Management Develop in Order to Possess the Essentials of a Profession? ", October, 1925.
[A11]　"The Meaning of Responsibility in Business Management", April, 1926.（Published in *Business Management as a Profession,* Henry C. Metcalf, Ed., A. W. Shaw & Co., now McGraw Hill, 1927.）
[A12]　"The Psychology of Control", March, 1927.
[A13]　"The Psychology of Consent and Participation", March, 1927.
[A14]　"The Psychology of Conciliation and Arbitration", March, 1927.
[A15]　"Leader and Expert", April, 1927.（Published in *Psychological Foundations of Business Administration,* Henry C. Metcalf, Ed., A. W. Shaw & Co., now McGraw-Hill, 1927.）
[A16]　"Some Discrepancies in Leadership Theory and Practice", March,1928.
[A17]　"Individualism in a Planned Society," A paper given in the conference series on "Economic and Social Planning," 1932.
[A18]　"The Illusion of Final Authority," the Taylor Society's Bulletin, December, 1926.
[A19]　"The Illusion of Final Responsibility", October,1926.
[A20]　"Leadership", October, 1928. Published in the Proceedings of the Conference for the Department of Business Administration at the London School of Economics（University of London）, January, 1933: A Series of Lectures under the general title "Problems of Organization and Co-ordination in Business".
[A21]　"The Basis of Order Giving"
[A22]　"The Basis of Authority "

[A23] "Business Leadership"
[A24] "Co-ordination"
[A25] "Basic Principles of Organization"
These lectures have not been published, with the exception of the fifth, which appeared under the title "The Process of Control" in *Paper on the Science of Administration*, edited by L. Gulick and L. Urwick, published by the Institute of Public Administration, New York, 1937.
[A26] "The Opportunities for Leadership for the Nurse in Industry", given to the Twelfth Annual Conference of the American Association of Industrial Nurses, May, 1928, and published in the Proceedings.
[A27] "The Psychiatrist in Industry"（Date and place of exposition unknown; probably about 1928.）
[A28] "The Teacher-Student Relation"（Date and place of exposition unknown; probably about 1928, and preceded by a paper on "Leadership".）

Ⅲ．死後編纂された論文集
[A29] Metcalf, H.C., Urwick, L. Eds., *Dynamic Administration: The Collected Papers of Mary Parker Follett*, Harper & Brothers, 1940.（米田清貴・三戸公訳『組織行動の原理：動態的管理』未来社，1972 年。）
[A30] Urwick, L. Ed., *Freedom & co-ordination : lectures in business organisation*, Management Publications Trust, 1949.（藻利重隆解説，斉藤守生訳『フォレット経営管理の基礎―自由と調整』ダイヤモンド社，1963 年。）
[A31] Fox, E.M., Urwick, L. Eds., *Dynamic Administration: The Collected Papers of Mary Parker Follett*, 2nd ed., Pitman Publishing, 1973.
[A32] Graham, Pauline ed., *Mary Parker Follett—prophet of management : a celebration of writings from the 1920s*, Harvard Business School Press, 1995.（三戸公・坂井正廣監訳『Ｍ・Ｐ・フォレット：管理の予言者』文眞堂，1999 年。）

B. 和書（著者のアイウエオ順）

[B1] 新　睦人・中野秀一郎『社会システムの考え方』有斐閣，1981 年。
[B2] 有賀　貞・大下尚一『概説アメリカ史』有斐閣，1979 年。
[B3] 有賀　貞『アメリカ史概論』東京大学出版会，1987 年。
[B4] 飯野春樹『人間協働――経営学の巨人，バーナードに学ぶ』文眞堂，1988 年。
[B5] 今田高俊『自己組織性――社会理論の復活』創文社，1986 年。
[B6] 岩崎武雄『世界の名著 43　フィヒテ　シェリング』中央公論社，1980 年。
[B7] 上山春平『世界の名著 59　パース　ジェイムズ　デューイ』中央公論社，1980 年。
[B8] 臼木淑夫・中川栄照『現代哲学の視座』三修社，1985 年。
[B9] 大塚明郎・栗本慎一郎・慶伊富長・児玉信次郎・廣田鋼造『創発の暗黙知――マイケル・ポランニーその哲学と科学』青玄社，1987 年。
[B10] 岡本仁宏『〈基礎的組織〉と政治統合－Ｍ．Ｐ．フォレットの研究－』滋賀大学経済学部，1986 年。
[B11] 小川浩一・霜野寿亮『社会学的機能主義再考－文化と価値の理論をめざして－』啓文社，1980 年。

[B12]　垣見陽一『動態経営学への道：フォレット学説の研究』税務経理協会，1966年．
[B13]　懸田克躬『世界の名著60　フロイト』中央公論社，1978年．
[B14]　北川敏男・伊藤重行『システム思考の源流と発展』九州大学出版会，1987年．
[B15]　北野利信『アメリカ経営学の新潮流』評論社，1962年．
[B16]　公文俊平『社会システム論』日本経済新聞社，1978年．
[B17]　斎藤　眞『アメリカ現代史』山川出版社，1976年．
[B18]　坂井正廣『人間・組織・管理──その理論とケース──』文眞堂，1979年．
[B19]　坂井正廣・吉原正彦『組織と管理──ケースとリーディングス』文眞堂，1987年．
[B20]　佐藤　勉『社会学的機能主義の研究』恒星社厚生閣，1971年．
[B21]　下田直春『増補改訂　社会学的思考の基礎』新泉社，1987年．
[B22]　新明正道『社会学的機能主義』誠信書房，1967年．
[B23]　田浦武雄『デューイとその時代』玉川大学出版部，1984年．
[B24]　谷口忠顕『デューイの習慣論』九州大学出版会，1986年．
[B25]　三戸　公『人間の学としての経営学』産業能率短期大学出版部，1977年．
[B26]　三戸　公・榎本世彦『経営学─人と学説─フォレット』同文舘，1986年．
[B27]　村田晴夫『管理の哲学』文眞堂，1984年．
[B28]　藻利重隆『経営学の基礎（改訂版）』森山書店，1962年．
[B29]　山崎　清『アメリカのビッグビジネス』日本経済新聞社，1986年．

C.　和論文（著者のアイウエオ順）

[C1]　青柳哲也　「組織理論に関する一試論─フォレット理論を中心として─」『経済系：関東学院大学経済学会研究論集』第127集，1981年3月．
[C2]　──「フォレット理論における個人と組織──『新しい国家』を手がかりとして──」『経済系：関東学院大学経済学会研究論集』第140集，1984年7月．
[C3]　石井延雄　「M．P．フォレット理論に関する一考察」『学生懸賞論文集』青山学院大学，第5号，1976年3月．
[C4]　井島宏幸　「フォレットにおける経営参加の理論」『現代企業の基本問題』（雲嶋良雄編）同友館，1974年．
[C5]　──「フォレットの協働理論の研究」『茨城大学政経学会雑誌』第37巻，1977年3月．
[C6]　──「組織統合と個人に関する研究──自己管理の組織化との関連において」『茨城大学政経学会雑誌』第51巻，1986年3月．
[C7]　稲村　毅　「伝統的組織論における『人間要素』の問題」『経営研究』大阪市立大学商学部，第31巻第2号，1980年7月．
[C8]　──「フォレットの政治思想と管理論(1)(2)」『経営研究』第32巻第1～2号，1981年5月，7月．
[C9]　榎本世彦　「経営組織論における機能的権威概念について」『アルテス・リベラレス』岩手大学教養部報告，第27号，1980年12月．
[C10]　──「現代経営学上の諸問題とフォレットの集団論（Ⅰ）（Ⅱ）」『アルテス・リベラレス』第32号，1983年7月，第33号，1983年11月．
[C11]　──「フォレットの視点とバーナードの視点」『現代企業の所有と支配』千倉書房，1984年．
[C12]　──「現代経営学上の諸問題とフォレットの集団論（Ⅳ）」『アルテス・リベラレス』第37号，1985年11月．
[C13]　岡本仁宏　「M．P．フォレットの新国家─地域統合構想として─(1)(2)」『名古屋大学法

政論集』第 98 号，1983 年 11 月，第 99 号，1984 年 2 月．

[C14] ――「フォレットの産業統合論についての一考察 (1) (2)」『名古屋大学法政論集』第 102 号，1984 年 11 月，第 103 号，1985 年 2 月．

[C15] ――「Ｍ．Ｐ．フォレットの政治的多元主義批判と『新国家』構想」，横越英一編『政治学と現代世界』　お茶の水書房，1983 年．

[C16] 小林真一　「経営管理思想におけるシェルドンとフォレット――経営人間化の意味を中心にして――」『商学論集』第 48 巻第 1 号，1979 年 1 月．

[C17] ――「機能的管理と人間化」(18)『会津短期大学学報』第 27 号，1969 年 3 月．

[C18] 齊藤毅憲　「フォレット管理思想の基本的問題――〈コンフリクト〉と〈統合〉の権限の概念を中心として――」『文経論叢経済学篇』第 14 号，1973 年 3 月．

[C19] 斉藤守生　「フォレット管理論再考（Ⅰ）」『大分大学経済論集』第 34 巻第 4-6 号，1983 年 1 月．

[C20] 酒井　甫「Ｍ．Ｐ．フォレットの権限論」『近畿大学商経学叢』第 42 号，1971 年 9 月．

[C21] ――「Ｍ．Ｐ．フォレットのリーダーシップ論」『近畿大学商経学叢』第 43 号，1972 年 3 月．

[C22] 坂井正廣　「メアリー・パーカー・フォレットに関する覚え書き」(英文)『青山経営論集』第 6 巻第 4 号，1972 年 3 月．

[C23] 坂口幹生　「経営における機能主義原理と人間主体性の埋没」『中京商学論叢』第 27 巻第 1 号，1980 年 6 月．

[C24] 中村瑞穂　「フォレット経営管理論に関する一考察」『武蔵大学論集』第 11 巻 第 3 号，1963 年 8 月．

[C25] 藤森保明　「フォレット経営学についての一考察」『経営経理研究』第 36 号，1986 年 2 月．

[C26] 三戸　公　「職能説についての一考察――フォレット研究のうち」，岡本康雄他編『現代の組織』(高宮晋還暦記念論文集) ダイヤモンド社，1974 年．

D. 洋書 (著者のＡＢＣ順)

[D1] Allen, F. L., *Only Yesterday―― An Informal History of the Nineteen Twenties* ――, Harper & Row, Publishers, Inc., New York, 1931, 1957.（藤久ミネ訳『オンリー・イエスタデイ―1920 年代・アメリカ―』筑摩書房，1986 年．）

[D2] ――, *The Big Change――America Transforms Itself, 1900〜1950*――, Harper & Row Inc., New York, 1952.（河村厚訳『ザ　ビッグ　チェンジ―アメリカ社会の変貌―1900 〜 1950 年』光和堂，1979 年．）

[D3] Beard, C. A. & Beard, M. R., *The American Spirit*, The Macmillan Co., New York, 1942.（高木八尺・松本重治『アメリカ精神の歴史』岩波書店，1954 年．）

[D4] Burrell, G. & Morgan, G., *Sociological Paradigms and Organisational Analysis*, Heinemann, London, 1979.

[D5] Cassirer, E., *Substanzbegriff und Funktionsbegriff――Untersuchungen über die Grundfragen der Erkenntniskritik*――, Verlag von Bruno Cassirer, Berlin, 1910.（山本義隆訳『実体概念と関数概念』みすず書房，1979 年．）

[D6] Dewey, J., *Democracy and Education : An Introduction to the Philosophy of Education*, 1916, The Macmillan Co., New York, 1955.（松野安男訳『民主主義と教育，上・下』岩波書店，1975 年．）

[D7] ――, *Reconstruction in Philosophy*, Henry Holt, New York, 1920.（清水幾太郎・清水禮

子訳『哲学の改造』岩波書店，1968年。)

[D8] Drucker, P.F., *The Practice of Management : A Study of the Most Important Function in American Society*, Harper & Row, New York, 1954.

[D9] Gelwick, R., *The Way of Discovery— An Introduction to the Thought of Michael Polanyi*, Oxford Univ. Press, Inc., 1977. (長尾史郎訳『マイケル・ポラニーの世界』多賀出版，1982年。)

[D10] Grandori, A., *Perspective on Organization Theory*, Ballinger Publishing Co., Cambridge, Massachusetts, 1987.

[D11] Gutman, H.G., *Work, Culture, and Society in Industrializing America : Essays in American Working-Class and Social History*, Knopf : distributed by Random House, New York, 1976. (大下尚一・野村達朗・長田豊臣・竹田有訳『金ぴか時代のアメリカ』平凡社，1986年。)

[D12] Hofstadter, R., *The Age of Reform ── From Bryan to F.D.R. ──*, Alfred A. Knopf, Inc., New York, 1955. (斎藤眞・有賀弘・清水知久・宮島直幾・泉昌一・阿部斉訳『ホーフスタッターアメリカ現代史』みすず書房，1967年。)

[D13] Kotarba, J.A. & Fontana, A. Ed., *The Existential Self in Society*, The Univ. of Chicago Press, 1984.

[D14] Krooss, H. E. & Gilbert, C., *American Business History*, Prentice-Hall Inc., 1972.

[D15] Laszlo, E., *The Systems View of The World — The Natural Philosophy of the New Developments in the Sciences —*, George Braziller, Inc., 1972. (伊藤重行訳『システム哲学入門』紀伊國屋書店，1980年。)

[D16] Lawrence, P. R., & Lorsch, J. W., *Organization and Environment: Managing Differentiation and Integration*, Harvard Univ. Press, Massachusetts, 1967. (吉田博訳『組織の条件適応理論』産業能率短期大学出版部，1977年。)

[D17] Lodge, G.C., *The New American Ideology*, Knopf, New York, 1974. (水谷栄二・西潟真澄・後正武訳『ニュー・アメリカン・イデオロギー』サイマル出版会，1979年。)

[D18] Lorsch, J. W., & Morse, J. J., *Organizations and Their Members : A Contingency Approach*, Harper & Row, Publishers, 1974. (馬場昌雄・服部正中・上村祐一訳『組織・環境・個人』東京教学社，1977年。)

[D19] Luhmann, N., *Soziologische Aufklärung 1*, Westdeutscher Verlag GmbH, Opladen in Germany, 1974. (土方昭訳『社会システムのメタ理論』新泉社，1984年。)

[D20] March, J.G. & Olsen, J.P., *Ambiguity and Choice in Organizations*, Universitets-forlaget, Bergen, 1976.

[D21] March, J. G. & Simon, H. A., *Organizations*, John Wiley & Sons. Inc., New York, 1958. (土屋守章訳『オーガニゼーションズ』ダイヤモンド社，1977年。)

[D22] Merriam, C.E., *A History of American Political Theories*, The Macmillan Co., New York, 1903. (中谷義和訳『アメリカ政治思想史Ⅰ・Ⅱ』御茶の水書房，1982年。)

[D23] Morgan, G., *Images of Organization*, SAGE Publications, Inc., Beverly Hills, 1986.

[D24] Nye, R. B., *This Almost Chosen People : Essays in The History of American Ideas*, Michigan State Univ. Press, 1966. (原島善衛訳『アメリカの知性』北星堂書店，1969年。)

[D25] Polanyi, M., *Personal Knowledge*, The Univ. of Chicago Press, Chicago, 1958. (長尾史郎訳『個人的知識──脱批判哲学をめざして』ハーベスト社，1985年。)

[D26] ──, *The Tacit Dimension*, Routledge & Kegan Paul Ltd., London, 1966. (佐藤敬三訳『暗黙知の次元』紀伊國屋書店，1980年。)

[D27] Roback, A. A., *History of American Psychology*, Library Publishers Inc., 1952. (堀川直義・

南博訳『アメリカ心理学史 上・下』法政大学出版局，1956年。）
- [D28] Scott, W. G. & Hart, D. K., *Organizational America*, Houghton Mifflin, Boston, 1979.（寺谷弘壬訳『経営哲学の大転換』日本ブリタニカ，1981年。）
- [D29] Silverman, D., *The Theory of Organisations ― A Sociological Framework ―*, Heinemann, London, 1970.
- [D30] Smith, J. E., *The Spirit of American Philosophy*, Oxford University Press, Inc., 1963.
- [D31] Weick, K.E., *The Social Psychology of Organizing*, 2nd. Ed., Addison Wesley Publishing Co., Inc., 1979.（遠田雄志訳『組織化の社会心理学』文眞堂，1997年。）
- [D32] Whitehead, A. N., *Process and Reality : An Essay in Cosmology*, Cambridge Univ. Press, 1929, corrected ed., The Free Press, 1978.（平林康之訳『過程と実在――コスモロジーへの試論Ⅰ・Ⅱ――』みすず書房，1981年。）
- [D33] ―, *Science and the Modern World*, Lowell Lectures, Cambridge University Press, Cambridge, 1925.（上田泰治訳『科学と近代世界』松籟社，1981年。）
- [D34] Wren, D. A., *The Evolution of Management Thought*, 3rd Ed., John Willey & Sons, Inc., 1987.

E. 洋論文（著者のＡＢＣ順）

- [E1] Cohen, A.I., "Mary Parker Follett: Spokesman for Democracy, Philosopher for Social Group Work, 1918-1933", 1971. (A Dissertation to The School of Social Work of Tulane University.)
- [E2] Ellwood, C. A., "The New State: Group Organization the Popular Government. By M. P. Follett", *The American Journal of Sociology*, XXV, July, 1919.
- [E3] ―, "Creative Experience. By M. P. Follett", *The American Sociology*, XXX, September, 1924.
- [E4] Fox, E. M., "Mary Parker Follett: The Enduring Contribution", *Public Administration Review*, Vol.28, No.6, 1968.
- [E5] ― "The Dynamics of Constructive Change in the Thought of Mary P. Follett", 1970. (Doctoral Dissertation, Columbia Univ.)
- [E6] De Grazia, Alfred, "The Science and Value of Administration Ⅱ", *Administrative Science Quarterly*, Vol.5(4), 1960.
- [E7] Roosevelt, T., "Book Review of The Speaker of the House of Representatives", *American Historical Review*, Ⅱ(1), 1896.
- [E8] Smith, R. G., "Creative Experience. By M. P. Follett", *The Journal of Social Forces*, Ⅲ, March 1925.

索　引

ア行

『新しい国家』　16, 18, 25, 28, 30-34, 36-37, 41, 51, 62-63, 65-66, 153
一と多（多と一）　56, 62, 80, 154
ウィルソン, T. W.　29-30, 47, 175
影響力　140
榎本世彦　18, 21, 45
エリオット, C. W.　24
円環的反応　9, 11, 37, 64-65, 70, 81, 91-93, 95, 115, 139, 142, 156-158

カ行

概念化　90-91, 156
概念的構図　89-91, 118
『下院の議長』　16, 23-24, 50, 152
垣見陽一　17
革新主義　22, 29, 43, 100, 152, 189
『過程と実在』　82
関係性　59
関係的個　57
関係的全体　12, 135
管理
　　事実による——　173
　　人による——　173
機能主義　20, 67-70, 72-73, 155
　　本源的——　67-68
機能的主体化　14, 114, 129, 140
機能的統一体　9, 32, 72, 83, 105, 108-109, 125, 128, 157, 161
客観性　19, 85-86
キャボット, E.　25
共同的権力　139-140
協働の科学　190
草の根民主主義　4, 195
具体性取り違えの誤謬　7
グラハム, P.　164
ゲシュタルト　64, 106-107

権限　9, 129-130, 141, 164
建設的対立　38
権力　138-141, 167-168, 170
交織　37, 108, 120, 158, 162, 172
　　機能の——　125-129, 158
　　経験の——　122-125, 131, 137, 158, 162
　　行動の——　120-121
　　責任の——　129-132, 158, 163
コーエン, A. I.　24, 38
コクラン, T.　183
個人主義　66, 154
『個人的知識』　7

サ行

サービス　181-182, 186-187
最高経営者　146-148
　　——の機能　146
再主体化　129
坂井正廣　ⅱ
ジェイムズ, W.　24, 46, 48-50, 54-56, 154
シェフィールド, A. D.　25, 36, 37
自己統制　11-12, 14, 41-42, 133-135, 138, 149-150, 159, 169
シジウィック, H.　23
支配　60, 96, 98-99, 157
支配的権力　140-141
社会的有機体論　61
集合的意思　11, 34, 37, 59-60, 80, 123, 142, 153-154
集合的観念　11, 34, 37, 59-60, 123, 142, 153-154, 156
「自由と調整」　4
主観性　8, 85-86
主体的機能化　14, 129, 140
状況の法則　10, 110-111, 113-116, 134, 144 -146, 149, 157, 159, 162, 173
新明正道　67
スコット, W.　175-176, 191

索引　205

セトゥルメント　28
全体主義　61, 134
専門的職業人　182-185
相互作用　8, 9, 14, 37, 57, 64, 66, 70, 79-81, 91-92, 112-113, 115, 153, 156, 172
相互浸透　34, 60-62, 81, 97, 130-131, 135, 145-146, 150
創造的経験　16, 31, 35, 36, 37-39, 50, 63, 65, 78, 85, 98, 122, 153
創発　9, 14, 37, 73, 81, 83-84, 101-105, 120, 132, 155, 157
組織の原則　135

タ行

対立　27, 37-38, 81, 95-101, 105, 120-121, 139, 146, 157, 172
妥協　81, 96-99, 157
谷口忠顕　112
調整　14, 41, 66, 135-138, 146-147, 157, 159
テイラー, F. W.　27, 38, 179-180, 190
デューイ, J.　48-49, 66, 112-114, 154
統一化　81, 115, 162
同業者団体　183
統合　11, 95-101, 139-141, 146, 157, 161, 184
統合的統一体　9, 83, 105, 108-109, 141, 157, 159
統合的プロセス　105, 146
統制（管理）の原則　135
動態的概念枠組　39, 91, 115, 156
ドラッカー, P. F.　166-171
トン, J. C.　ii
トンプソン, A. B.　23, 25, 49-50

ナ行

人間関係論　188
認識方法　5-8, 73, 155-156
ネットワーキング　38, 162
ネットワーク　4, 5, 9, 34, 95, 158, 162

ハ行

ハート, A. B.　23, 25, 50
バイダ, P.　187
パウンド, R.　25, 36, 50
標準化　180, 182-183
プラグマティズム　3, 4, 20, 26, 34, 47-51, 55, 73, 154
プロセス　5, 52-53, 71-72, 77-84, 99, 131-132, 154, 157
プロセス思考　88, 101
プロテスタント　23
ベラー, R.　180
ホワイトヘッド, A. N.　7, 82-84, 102-104, 155, 185

マ行

三戸公　ii, 18, 21, 45
民主主義　4, 8, 20, 31, 33-34, 52, 56-57, 60, 63, 84, 150, 152-154, 162
民主主義の実験室　29, 32
命令の授与　38, 141-144
メトカーフ, H. C.　21, 36, 43
藻利重隆　17, 18

ラ行

ラウントリー, B. S.　38
リーダーシップ　138-141, 159
累積的責任　131, 145
ルーズベルト, T. D.　29, 46
ルーズベルト, F. D.　40-41
ルーマン, N.　69-70, 73, 155
レッセ・フェール　28, 33, 42, 46, 63
レン, D. A.　21
ロイス, J.　23-24, 46, 49-50

著者略歴

三井　泉（みつい いずみ）

1957 年	東京都生まれ
1980 年	青山学院大学経営学部卒業
1989 年	青山学院大学大学院経営学研究科博士課程修了。経営学博士
	日本経済短期大学専任講師，福島大学経済学部助教授，帝塚山大学経営情報学部教授を経て
現　在	日本大学経済学部教授
専門領域	経営学史，経営哲学，経営人類学
主要業績	『経営理念―継承と伝播の経営人類学的研究―』（共編著）PHP 研究所，2008 年
	「日本型『ステイクホルダー』観に関する考察―松下電器の「恩顧」「保信」思想を中心として―」，日本大学産業経営研究所『産業経営研究』第 30 号，2008 年
	「経営学とプラグマティズム―『臨床的知識』『科学的知識』を越えて―」経営哲学学会『経営哲学』第 6 巻，2009 年

文眞堂現代経営学選集
第Ⅱ期第 7 巻
社会的ネットワーキング論の源流
――M. P. フォレットの思想――

2009 年 9 月 30 日　第 1 版第 1 刷発行　　　　　　　　検印省略

著　者　三　井　　　泉

発 行 者　前　野　　　弘

東京都新宿区早稲田鶴巻町533

発 行 所　株式会社　文　眞　堂
電話 03（3202）8480
FAX 03（3203）2638
郵便番号（162-0041）振替00120-2-96437番
http://www.bunshin-do.co.jp

印刷・モリモト印刷／製本・イマキ製本所
©2009
定価はカバー裏に表示してあります
ISBN978-4-8309-4660-8　C3034